Agnes Sapper

Ohne den Vater

Erzählung aus dem Kriege

Agnes Sapper

Ohne den Vater
Erzählung aus dem Kriege

ISBN/EAN: 9783337354145

Hergestellt in Europa, USA, Kanada, Australien, Japan

Cover: Foto ©ninafisch / pixelio.de

Weitere Bücher finden Sie auf **www.hansebooks.com**

Ohne den Vater

Erzählung aus dem Kriege

von

Agnes Sapper

Erstes Kapitel.

Im gemütlichen Wohnzimmer eines Forsthauses in Ostpreußen saß ein kleiner Familienkreis eng und traulich beisammen: der Förster Stegemann mit seiner noch ganz jungen, lieblichen Frau, die ihr Kindchen in den Armen hielt und versuchte, mit zärtlichen Worten und dem Spiel ihrer Finger dem kleinen Geschöpf das erste Lächeln zu entlocken. Neben ihr lehnte Gebhard, ein kräftiger, etwa zehnjähriger Junge; er sah nach dem Schwesterchen, das so wohlig in der Mutter Armen ruhte, und wartete gespannt, ob es noch einmal gelänge, das Lächeln hervorzuzaubern, das vorhin wie ein Sonnenstrahl über das Kindergesichtchen gehuscht war. Als es gelang, sah er die Mutter beglückt an und wandte sich lebhaft an seinen Vater: "Hast du es diesmal gesehen?"

Nein, er hatte es wieder nicht gesehen, weil ihm etwas anderes noch anziehender war, als das erste Lächeln seines Töchterchens. Er hatte auf Mutter und Sohn gesehen. Ihn freute, daß diese beiden sich so gut verstanden. Es war noch nicht lange her, daß er diese junge Frau heimgeführt hatte, nachdem seine erste Frau, Gebhards Mutter, gestorben war. Eine lange Reihe stiller Jahre hatte er mit dem Knaben verlebt, den eine treue Magd schlicht und streng erzog. Innig nah standen sich Vater und Sohn, ernst und pflichttreu war der Förster, anspruchslos der Junge. Kräftig wuchs er in der frischen Waldluft heran und machte von seinem sechsten Lebensjahr an täglich einen stundenlangen

Weg, um auf einem benachbarten Gut an dem Unterricht mit den Knaben des Gutsbesitzers teilzunehmen. Auf diesem Weg begleitete ihn ein treuer Hund des Försters, der schon immer sein Spielkamerad gewesen und jetzt sein Beschützer auf einsamen Waldwegen war.

Bei einem Besuch seiner Mutter, die in Süddeutschland lebte, hatte der Förster das fröhliche, liebevolle Mädchen kennen gelernt, das dann seine zweite Frau geworden war. Noch immer war's ihm wunderbar und erfreute ihn in tiefster Seele, daß solch ein neues Familienglück in seinem Forsthaus erblüht war; und so sah er auch jetzt mit Wonne auf die junge Frau, ohne daß diese es bemerkte, denn sie war ganz von der Kleinen hingenommen.

Jetzt stund sie auf und legte das Töchterchen sorgsam in den Korbwagen.
"So Jüngferlein," sagte sie, "nach dieser großen Leistung, nachdem du
zweimal gelächelt hast, wirst du herrlich schlafen, draußen am offenen
Fenster!" Sie fuhr sachte den Wagen in das Schlafzimmer.

Gebhard wandte sich dem Vater zu. "Es ist so nett, wenn die Mutter "Jüngferlein" sagt zu einem so kleinen Kind, hörst du das nicht auch so gern, Vater? Überhaupt ist es jetzt so eine schöne Zeit! So soll's immer bleiben, wie es jetzt ist!"

Stegemanns Gedanken wurden durch diesen Wunsch herausgerissen aus der friedlichen Umgebung.

"Gebhard, du denkst nicht an den Krieg, sonst könntest du nicht von einer schönen Zeit reden, die bleiben soll."

"Aber wir siegen doch, und das gibt dann die allergrößte Freude."

"Vorher werden viele Tausende von unsern deutschen Soldaten sterben!"

"Viele Tausende?" Gebhard wiederholte sinnend diese Worte und blieb eine Weile ganz nachdenklich. Dann aber trat er dicht an den Vater heran und begann mit eifrigen Worten: "Das darf man doch nicht so traurig sagen, Vater? Die Soldaten ziehen doch gern in die Schlacht und wollen fürs Vaterland sterben? Wenn ich nur schon älter wäre, und wenn du noch jünger wärst, dann zögen wir miteinander in den Krieg, du wärst ein Offizier und ich dein liebster Soldat und wenn du befiehlst: 'Freiwillige vor!' komme ich zu allererst. Aber mit zehn Jahren geht das noch nicht, und du, Vater, gelt du bist schon zu alt, du hast doch schon ein wenig graue Haare!"

"Die grauen Haare machen nichts; vielleicht komme ich doch noch daran.
Aber sei still, wir wollen damit der Mutter nicht angst machen."

Sie sahen beide nach der Türe, durch die die junge Frau eben wieder hereintrat. Es lag noch der Schimmer mütterlicher Zärtlichkeit auf ihrem Gesicht, als sie sagte: "Mein Jüngferlein schlummert schon."

"*Dein* Jüngferlein, Helene? Mir gehört es auch!" Er zog seine Frau zärtlich an sich.

"Und ein wenig gehört es auch mir, nicht, Mutter?"

"Freilich. Du wirst sehen, die kleinen Mädchen mögen die großen Brüder am allerliebsten, lustig wird's, wenn sie erst mit dir spielen kann!"

Das konnte sich nun Gebhard noch nicht recht vorstellen, aber lustig war's ihm schon jetzt zumute und er sprang hinaus und hinunter in den Hof, mit seinem Leo zu tollen, seinem liebsten Kameraden. Bald ging auch der Förster, den sein Beruf oft halbe Tage lang abrief, und Helene blieb allein.

Der Forsthof lag einsam am Waldessaum, nahe der russischen Grenze; nur ein paar Niederlassungen waren in der Nähe, von denen die eine dem Straßenwärter gehörte, der die Grenzstraße zu hüten hatte, die andere einem alten Waldhüter, der mit seiner Familie da hauste. Sonst waren weit und breit keine menschlichen Ansiedelungen zu sehen, dunkler Wald nach allen Seiten und große Stille.

Die da heimisch waren—wie der Förster und sein Junge—, die liebten diese Waldeinsamkeit, aber Fremden kam sie unheimlich vor. Auch Helene, als sie aus ihrer süddeutschen Heimat, aus städtischen Verhältnissen hieher versetzt worden war, hatte anfangs furchtsam nach dem Waldesdunkel hinübergeschaut und die Stille, während ihres Mannes und Gebhards Abwesenheit, hatte sie bedrückt. Aber in ihren vier Wänden war es ihr doch bald wohl geworden, denn da war sie von rührender Liebe und Verehrung umgeben. Nicht nur Mann und Sohn, auch Knecht und Magd, ja sogar die Hunde, vom großen Kettenhund bis herunter zum kleinen Dackel, alle zeichneten sie aus, wie wenn sie sich immer daran freuten, daß etwas so feines, sonniges, fröhliches in ihre Waldeinsamkeit gekommen war. Und jetzt, seitdem sie Mutter geworden und ihr Kindchen jede Stunde um sich hatte, jetzt konnte das Gefühl der Einsamkeit gar nicht mehr aufkommen. Sie war voll Glück und Wonne, ja so sehr, daß sie manchmal das schwere Geschick des Vaterlandes fast vergaß. Kam es ihr dann in den Sinn, so machte sie sich im stillen Vorwürfe, sagte sich: kannst du denn gar nicht unglücklich sein mit den vielen, die jetzt in Sorge und Herzeleid sind? Dann legte sie schnell das

Tragröckchen beiseite, das sie besticken wollte, nahm den groben Soldatenstrumpf zur Hand, setzte sich neben den Kinderwagen, strickte und strickte, sah dabei auf das kleine Menschenknöspchen, das neben ihr schlummerte, und war eben wider Willen doch glücklich. Aber der Krieg mit seinen Schrecken und Ängsten, mit Sorgen und Jammer kam bald genug, ihr Glück zu stören.

Zweites Kapitel.

Es war eine stille Sommernacht zu Ende August, der Forsthof lag friedlich, Mensch und Tiere hatten sich zur Ruhe begeben. Der Förster allein war noch auf; die Zeitungen, die er diesen Abend erhalten hatte, lagen vor ihm. Sie sagten ihm, wie nahe die Gefahr eines feindlichen Einbruchs für das Grenzland war. Auch einen amtlichen Brief hatte er von seiner vorgesetzten Behörde erhalten, den Befehl, zunächst noch auf seiner Stelle zu verharren.

"Zunächst;" demnach konnte in Bälde die Anweisung kommen, den Forsthof zu verlassen. Darauf wollte er alles vorbereiten. Er ordnete Papiere und Wertsachen, um im Notfall alles Wichtige rasch bei der Hand zu haben, und dann schrieb er an seine Mutter. Sie stand ihm sehr nahe, hatte jedes Jahr in der Zeit seiner Vereinsamung die weite Reise von Süddeutschland unternommen, um nach ihm und seinem mutterlosen Kleinen zu sehen. Bei ihr fragte er an, ob Frau und Kinder Zuflucht finden könnten, wenn sie die Heimat verlassen müßten und er selbst sich dem Vaterland zur Verfügung stellen würde. Er hatte einst gedient und es war ihm selbstverständlich, daß er an dem großen Kampf Teil nehmen würde, sobald ihn sein Amt im Forsthaus nicht mehr zurück hielt.

So saß er heute bis spät in die Nacht hinein am Schreibtisch, während seine Frau sorglos schlief. Er hatte ihr nichts mitgeteilt von seinen Vorbereitungen. Sie kam ihm so jung und zart vor, besaß nicht die starke Natur, die er selbst von seiner Mutter geerbt hatte, schien so recht für Glück und Sonnenschein geschaffen. Wie sie mit Schwerem zurecht käme, wie sie Leid und Entbehrungen ertragen würde, konnte er sich nicht vorstellen. So wollte er ihr keine Last auflegen, so lange er allein sie tragen konnte.

Mitternacht war es geworden, aber nun lagen auch alle Briefe und Papiere geordnet und überschrieben vor ihm. Er hatte getan was geschehen konnte und griff nun nach dem Neuen Testament; denn es trieb ihn, eines von den Jesusworten zu lesen, die ihm oft schon Kraft gegeben hatten. "Nicht mein sondern dein Wille geschehe." Er versenkte sich in die Erzählung vom Kampf Jesu in Gethsemane.

Plötzlich wurde die Stille des Forsthofes gestört durch das Bellen des Hofhunds. Stegemann horchte auf, hörte nichts, was den Hund beunruhigt haben konnte. Aber das Bellen wurde lauter und auch die andern Hunde taten mit. Stegemann öffnete das Fenster, schaute hinaus in die stille Sommernacht, ging dann hinunter in den umzäunten Hof, rief die Hunde, die unwillig knurrten, zur Ruhe und lauschte. Jetzt unterschied auch sein Ohr das Geräusch von sich nähernden schweren Tritten draußen auf der Landstraße. Wer kam da bei Nacht? War es Freund oder Feind? Ihm ahnte nichts Gutes. Er eilte rasch ins Haus zurück und nahm den Revolver zu sich. Auch den Knecht wollte er rufen; der war aber durch das Gebell schon wach geworden und trat mit der Laterne in der Hand zum Förster.

"Wenn's Russen sind, dann gnad uns Gott!" sagte der

Knecht.

"Mach die Kettenhunde los; sie lassen keinen über den Zaun." —

Wütend bellten die zwei großen losgelassenen Hunde und liefen aufgeregt am Zaun hin und her. Von außen am geschlossenen Hoftor ertönte die Glocke. Herr und Knecht sahen sich an. Wie aus einem Munde riefen sie: "Russen sind das nicht, die klingeln nicht, die schlagen mit dem Kolben an."

Der Förster trat näher.

"Wer ist draußen?" rief er. Und gut deutsch klang die Antwort:
"Preußische Infanteristen mit einem Befehl an den Förster."

Noch ein paar Fragen und Antworten wurden zu größerer Sicherheit gewechselt. Dann rief der Förster dem Knecht zu: "Mach die Hunde fest."

Erst als die aufgeregten Tiere angekettet waren, konnte man wagen, das
Hoftor zu öffnen und die Soldaten einzuladen, die draußen harrten. Eine
Patrouille von fünf Männern war es, angeführt von einem jungen Leutnant.
Statt der gefürchteten Feinde unverhofft einen Trupp wackerer Feldgrauer
auf dem einsamen Forsthof zu haben, das war ein Hochgefühl, vor allem
auch für die geängstigte junge Frau, die wie auch Gebhard vom Lärm der
Hunde erwacht war und mit dem Knaben am Fenster stehend den Vorgang im

Hof beobachtet hatte.

"Preußen sind's, Preußen!" rief Gebhard, der zuerst beim Laternenschein die Uniform erkannte.

"Wirklich! Gott Lob und Dank," antwortete die Mutter und machte sich in fliegender Eile zurecht, um die unverhofften Gäste zu begrüßen und für sie zu sorgen. Aber noch ehe sie so weit war, suchte ihr Mann sie auf.

"Ich komme schon," rief sie ihm eifrig entgegen, "wollen die Soldaten bei uns übernachten? Soll ich Betten richten?"

"Das nicht, sie halten nur kurze Rast; dann geht ihr Marsch weiter und ich, ich muß sie begleiten."

"In der Nacht? Wohin?"

"Das darf ich dir nicht sagen; es ist eine Vertrauenssache, ein geheimer
Befehl, von dem auch nur der Offizier weiß."

"Wie unheimlich, Rudolf! Wann kommst du wohl wieder?"

"Vielleicht schon in ein paar Stunden.—Wenn du nur schnell helfen wolltest, Tee für die Leute zu machen. Die Soldaten haben schon Auftrag erhalten, den Herd zu heizen und Wasser aufzusetzen."

"Die Soldaten heizen unsern Herd? Das muß ich sehen. Komm, Gebhard, geh' mit mir hinunter! Ich habe noch nie Soldaten kochen sehen. Mit fünf Köchen, das muß ja schnell gehen!"

Ja, nach zehn Minuten war der Tee auf dem Tisch und nach weiteren zehn Minuten war gegessen und getrunken, was eiligst aufgetragen worden; und die fünf Mann bedankten sich bei der jungen, fröhlichen Förstersfrau.

Der Förster mit Flinte und Jagdhund sah aus, als wenn er auf die Jagd ginge. Im letzten Augenblick nahm er seine Frau beiseite: "Behalte Knecht und Magd bei dir, stelle dich ängstlich, rufe sie herein, laß sie Tee trinken. Ich will nicht, daß uns jemand folgt. Kein Mensch soll wissen, in welcher Richtung wir gehen."

Er gab rasch seiner jungen Frau einen Abschiedskuß — das war nichts besonderes; aber daß er im Vorbeigehen auch Gebhard einen Kuß gab, das kam dem Kind sehr verwunderlich vor, denn Zärtlichkeiten waren zwischen Vater und Sohn nicht üblich. —

"Wegen ein paar Stunden Trennung küßt man sich doch nicht?" sagte sich Gebhard und war sehr nachdenklich, während er in sein Schlafzimmer ging, um sich wieder zu legen. Zum erstenmal waren Soldaten ins Haus gekommen; der Offizier hatte mit dem Vater Kriegsgeheimnisse besprochen, die kein anderer Mensch erfahren durfte. Ein wenig unheimlich war die Sache, aber doch sehr spannend. Heute Nacht war der Krieg ins eigene Haus gedrungen, jetzt erst fing er so recht an für Gebhard.

Und die junge Mutter konnte, nachdem sie Knecht und Magd entlassen, lange nicht wieder den Schlaf finden. An der Seite ihres Mannes hatte sie noch nie den Krieg gefürchtet; aber ohne ihn überkam sie eine große Angst. Es war so finster, so still und schwül. Vielleicht konnte sie besser schlafen, wenn sie die Türe aufmachte ins Nebenzimmer, zu Gebhard. Sie tat es leise, um ihn nicht zu wecken, und freute sich doch, als sie bemerkte, daß er noch nicht schlief.

"Bist du es, Mutter?" rief er und richtete sich ganz munter auf.

"Ja, es ist so schwül; ich will die Türe ein wenig offen lassen."

"Das ist nett, dann können wir plaudern. Ich möchte so gerne erraten, warum der Vater mit den Soldaten gegangen ist. Aber vielleicht ist es besser, wenn wir es nicht erraten; weil es doch ein Kriegsgeheimnis ist. Nur der Vater darf es wissen; er muß stolz darauf sein. Ich wäre auch stolz darauf und würde das Kriegsgeheimnis niemand verraten; außer vielleicht dir, Mutter. Oder darf ich's auch dir nicht verraten?"

"Du weißt es ja gar nicht, Gebhard," sagte die Mutter und lachte fröhlich. Die Luft kam ihr schon nicht mehr schwül vor; und bald schliefen Mutter und Sohn ebenso ruhig wie das Kindchen im Korbwagen und ahnten so wenig wie dieses, daß sie zum letzten Mal im Forsthaus schliefen.

Am Morgen des folgenden Tages kam, angestrengt von langem, eiligem Marsch, Stegemann zurück. Nach der schlaflosen Nacht sollte er sich mit einem guten Frühstück stärken und die verlorene Nachtruhe nachholen, das war der Wunsch seiner jungen Frau; ungesäumt wollte sie für seine Bewirtung sorgen. Er aber hielt sie zurück: "Das ist jetzt Nebensache," sagte er eilig, "wir haben viel Wichtigeres zu tun. Leutnant N. riet mir dringend, heute noch mit Frau und Kind und, soweit möglich, mit Hab und Gut abzuziehen. Erschrick nicht so, Liebste, die Straße ist noch frei von Feinden; aber wir wollen auch gar keine Zeit verlieren. Jetzt gilt es aufpacken, was das Nötigste und Wertvollste ist, um so schnell es nur irgend geht, an die Bahn zu kommen. Ich sage gleich den Leuten, sie sollen helfen, auch sie müssen fliehen. Es kann sein, daß die Russen der Spur der Patrouille folgen, die heute nacht hier war. Nun, Gebhard, hilf der Mutter!"

In wenigen Minuten war der stille Forsthof erfüllt von lärmendem, hastigem Treiben. Der Knecht fuhr den Wagen vor und lud auf, was ihm zugereicht wurde: Betten, Kleider, Wäsche, auch allerlei Vorräte aus Küche und Kammer. Gebhard lief aus und ein, fast fröhlich in der eifrigen Tätigkeit. Knecht und Magd trugen ihre Bündel herbei.

Keine halbe Stunde war verflossen; da suchte der Förster seine Frau auf, die an ihrem Wäscheschrank stand und trieb zur Abfahrt: "Es ist genug, laß alles andere, wir fahren!"

Ganz erstaunt schaute sie auf: "Daß du so ängstlich bist! Auf eine
Viertelstunde kommt es doch nicht an; die kleine Aussteuer vom
Jüngferlein—" sie unterbrach sich: "Horch!" Die Hunde bellten, der
Förster eilte ans Fenster. Er wandte sich sofort wieder zurück: "Es ist
schon zu spät," sagte er, "die Russen kommen!"

Er sprach ruhig; aber sein Gesicht verlor alle Farbe. Auch seine Frau trat ans Fenster und fuhr erschreckt zurück: "Um Gottes willen, was sollen wir tun?" rief sie in Todesangst.

"Geh da hinein und schließe dich ein!" rief ihr Mann. Er faßte sie schnell, drückte sie an sein Herz, küßte sie stürmisch und führte sie in das Schlafzimmer zu ihrer Kleinen.

"Gott behüte euch," rief er, "schließe zu!"

Sie schob den Riegel vor.

In diesem Augenblick kam Gebhard atemlos: "Vater, russische Reiter sind im Hof, sie fragen nach dem Förster. Was wollen sie denn von dir?"

Herr Stegemann zog sein Kind leidenschaftlich an sich: "Sie wollen vielleicht wissen, wohin unsere Soldaten heute nacht gegangen sind."

"Aber das darfst du ihnen doch nicht sagen?"

"Nein."

"Was wird dann, Vater?"

"Was Gott will."

Der Anführer der russischen Truppe, die aus etwa 15 Mann bestand, trat in das Zimmer, den Revolver in der Hand; einige seiner Leute folgten, andere hielten Wacht an der Türe. Es kam, wie der Förster vorausgesehen. Der russische Offizier wollte wissen, wohin die deutsche Patrouille, deren Spur sie gefunden hatten, gezogen sei. Offenbar war seine Absicht, ihr zu folgen, sie abzufangen, ehe sie ihren Zweck erfüllen und über ihre Erkundung den Deutschen Nachricht geben konnte. Ein polnischer Waldarbeiter hatte ihm verraten, daß der Förster die Patrouille geführt hatte. Und nun sollte er die Feinde führen, die zu Pferd die deutschen Fußgänger leicht einholen würden.

Der Förster, die Rechte auf den Tisch gestützt, hörte die Forderung.
Fest klang seine Antwort: "Sucht sie selbst. Ihr könnt vom deutschen
Mann nicht verlangen, daß er die Deutschen verrate."

Neben dem Vater stand Gebhard mit glühenden Wangen. Wie ein Held erschien ihm der Vater, da er dem russischen Offizier kurz und fest den Dienst verweigerte.

Der Russe aber lachte höhnisch, im Gefühl der Übermacht: "Sie sind ein Tor. Wollen Sie nicht, so sind Sie mit Weib und

Kind in 5 Minuten niedergemacht."

Tief aufatmend antwortete der Förster: "Ich werde nicht zum Verräter." Dem Offizier stieg der Zorn auf, aber ihm lag daran, einen willigen Führer zu gewinnen, so bezwang er sich. "Nehmen Sie Vernunft an," sagte er. "Sie entschuldigt die Not. Sie sind machtlos in unseren Händen. Entschließen Sie sich rasch, daß uns die kostbare Zeit nicht verloren geht. Dann sollen Sie, auf Offiziersehre, unversehrt zurückkehren, sobald wir die Deutschen erreicht und noch ehe sie Sie gesehen haben. Weib und Kind können Sie in Sicherheit bringen, Ihr Hab und Gut soll unberührt bleiben."

Der Förster schwieg.

"Vater, tu's nicht!" rief Gebhard leidenschaftlich. Der Offizier wandte sich heftig gegen den Knaben, packte ihn, schob ihn beiseite und rief: "Der soll der erste sein, der vor Ihren Augen erstochen wird, wenn Sie nicht augenblicklich folgen."—"Haltet den Buben!" befahl er den Soldaten. Die ergriffen Gebhard mit rauher Hand. Wütend setzte er sich zur Wehr; doch sie packten ihn so fest, daß er kein Glied mehr rühren konnte; aber das konnten sie nicht hindern, daß er immer lauter rief: "Vater, tu's nicht!"

Der Förster biß die Zähne aufeinander; noch schien er unentschlossen. Aber in diesem Augenblick wurde der Türriegel des Nebenzimmers zurückgeschoben und unter der halbgeöffneten Türe erschien seine Frau. Ihr junges, rosiges Gesicht war totenblaß; sie hatte gehört, was die Männer verhandelten und wußte, daß ihr Leben und das von Mann und Kindern auf dem Spiel stand. Bebend vor Angst wagte sie nicht, die Schwelle zu überschreiten, hielt die Türklinke in der Hand und rief ihrem Mann flehend zu: "Ich bitte dich um Gottes Willen, rette uns, o denke an die

Kinder!"

Der Russe nahm seinen Vorteil wahr. Er grüßte die Dame des Hauses: "Ja, gnädige Frau, sprechen Sie Ihrem Gemahl zu. Geht er mit uns, so mögen Sie unbehelligt von hier fliehen, und Ihr Mann wird in kurzer Zeit nachfolgen, auf Offiziersehre. Tut er es nicht, so gebe ich Sie meinen Soldaten preis."

Schaudernd zog sich die geängstigte Frau vor den Blicken der rohen
Soldaten zurück.

"Ich gehe!" laut und fest sagte es der Förster und wandte sich der Türe zu.

"Vater, tu's nicht!" Noch einmal kam der Ruf von Gebhard, der noch immer umklammert war von harten Soldatenfäusten.

Der Vater wandte sich an den Offizier: "Lassen Sie mein Kind frei, nach
Ihrem Ehrenwort."

Ein Wink des Offiziers und die Soldaten ließen den Knaben los; aber sie drängten sich zwischen ihn und den Förster und ließen die beiden nicht zueinander kommen. Nur konnten sie nicht verhindern, daß ein letzter Blick vom Vater zum Sohn ging, ein Blick voll Liebe und Stolz.

"Vorwärts!" befahl der Offizier.

Sie verließen das Zimmer; Gebhard rannte nach der Schlafzimmertüre, die wieder verriegelt war. "Mach auf, Mutter, sie sind fort!" und außer sich vor Zorn und Jammer rief er. "Der Vater ist doch mit ihnen gegangen! Jetzt muß er die Deutschen verraten!"

Helene war erschüttert durch die Verzweiflung des Knaben. Sie versuchte ihn zu trösten, zog ihn in mütterlicher Zärtlichkeit an sich: "Der Vater kommt morgen schon zurück, der Offizier hat's auf Ehre versprochen. Sieh, wenn er nicht nachgegeben hätte, wären wir alle umgebracht worden. Er hat mitgehen müssen, er hat doch nicht anders gekonnt!"

"Aber der Vater darf doch die Deutschen nicht verraten," schluchzte das
Kind.

"Denke nicht mehr *daran*. Denke, daß wir jetzt alle grausam mißhandelt und getötet würden. Gott Lob, daß der Vater uns davor behütet hat."

Gebhard konnte sich nicht fassen, zornig stampfte er und rief: "Der
Vater darf doch kein Verräter sein!"

Die Mutter sah den Knaben starr an: "Hast du kein Herz für den Vater, für mich und für unsere Kleine? Wolltest du, wir wären grausam hingemetzelt, du und wir alle?"

Heftig antwortete Gebhard: "Ja, ja, viel lieber möchte ich das."

Der Mutter graute. Sie konnte das Kind nicht verstehen, und war im tiefsten Herzen gekränkt durch seine Antwort. Aber weiter mit ihm zu reden war nicht möglich; denn unter der Türe erschien die Magd, schreckensbleich mit verweinten Augen: "Der Knecht sagt, wir müssen eilen, daß wir fortkommen, der Herr hat's ihm noch zugerufen. Unser armer, armer Herr, sie haben ihn fortgeführt! Auf einem Russenpferd, mitten unter den Feinden ganz allein! Und er hat sich noch so tapfer umgeschaut, so todesmutig ist er davon geritten! Der arme Herr, was werden sie mit ihm tun?"

Helene hatte auf den Lippen zu sagen: "Es geschieht ihm nichts, morgen wird er uns nachkommen;" aber sie unterdrückte die Worte. Die Leute durften nicht wissen, daß der Herr sich bereit erklärt hatte, mit den Feinden zu gehen. Schwer fiel ihr auf die Seele: Kein Deutscher durfte das je erfahren. Es war ja Verrat, was ihr Mann beging. Ihr zuliebe tat er's; nicht aus Angst ums eigene Leben, der tapfere, treue Mann! Wie wollte sie ihm das danken ihr Leben lang!

Die Magd mahnte noch einmal zur Eile. "Was ist noch aufzuladen?" Hastig griff Helene nach diesem und jenem, beladen eilte die Magd die Treppe hinunter, rief Gebhard zur Hilfe; wie im Traum nahm er, was ihm hingereicht wurde. Die Mutter aber suchte in Eile nach einem Blatt Papier, sie mußte ihm noch ein Wort schreiben, das sollte er finden, wenn er in sein verödetes Haus zurückkäme, mit einer schweren Last auf dem Gewissen, einer Last, die er ihr zuliebe durchs ganze Leben tragen mußte. In fliegender Eile schrieb sie mit zitternder Hand: "Komm bald zu mir, herzliebster Schatz, hab tausendmal Dank, daß Du uns das Leben gerettet hast!" Mitten auf den Tisch legte sie das Blatt, dann noch daneben, was ihn stärken sollte, Brot und eine Flasche Wein. Wieder kam die Magd unter die Türe: "Jetzt ist angespannt."

"Ich komme!" Sie nahm ihr Kindchen, das liebevoll eingehüllte. Die Magd bemerkte Brot und Wein, wollte beides mitnehmen. Helene ließ sie nicht an den Tisch. "Das bleibt!" rief sie.

"Kein Wunder, daß die arme, junge Frau ganz verwirrt ist," dachte das
Mädchen.

Im Hof war alles zur Flucht bereit. Die Hunde sprangen um den Wagen. Sie sollten mitlaufen bis zum Haus des Straßenwärters, meinte der Knecht, der solle sie aufnehmen. "Aber Leo gebe ich nicht her, den nehme ich mit!" erklärte Gebhard. Der Knecht machte Einwendungen. Unmöglich sei das auf der langen Reise, bei den überfüllten Zügen. Ein Unverstand wäre es. Die Mutter sah ein, daß er recht hatte, aber sie wußte auch, was es für Gebhard bedeutete, sich von seinem Leo zu trennen. Der Vater hatte ihm vor Jahresfrist das junge Tier geschenkt; ihm gelehrt, es zu behandeln; zu einem folgsamen, anhänglichen Kameraden war es herangewachsen und von seinem kleinen Herrn unzertrennlich gewesen. Auch jetzt standen sie dicht beisammen, Gebhard und sein Hund, sahen sich an und das kluge Tier schien zu merken, daß über sein Schicksal entschieden wurde. Ein ungewohntes, kurzes Bellen gab es von sich.

Die Mutter wandte sich an den Knecht. "Wir wollen es doch versuchen, ob wir Leo mitnehmen können!"

"O ja, bitte, Mutter!"

Der Wagen setzte sich in Bewegung. Das Töchterlein auf der Mutter Schoß, weich gebettet, schlief sanft ein. Gebhard saß der Mutter gegenüber. Sie hielten bald bei dem Straßenwärter, dann ging die Fahrt weiter, der Bahn zu. Längs der Straße zog sich der Wald hin, aus dem jeden Augenblick die Feinde auftauchen und die Wehrlosen überfallen konnten. Und in den Händen dieser Feinde war der geliebte Mann, der treue Vater.

"Gebhard," sagte die Mutter leise, daß es der Knecht auf dem Bock nicht höre, "Gebhard, du hast doch auch gehört, daß der russische Offizier gesagt hat: 'auf Offiziersehre.'"

"Ja. Zweimal hat er das gesagt."

"Solch ein Schwur wird doch sicher auch im Krieg gehalten," sagte Helene und fügte bei: "Also kommt der Vater sicher morgen oder spätestens übermorgen. Wenn es nur schon morgen wäre!"

Gebhard wandte sich ab und sagte kein Wort darauf. Mit fest geschlossenem Mund sah er durchs Fenster.

Die Stille bedrückte die Mutter. Sie redete ihn nach einer Weile wieder an: "Warum bist du so still, Gebhard? Hast du Angst, daß die Russen aus dem Wald kommen? Wir sind jetzt schon nahe der Station, hier ist's nicht mehr so gefährlich."

"Ich habe keine Angst."

"Hast du Heimweh nach dem Forsthof? Nach dem Frieden kommen wir alle wieder zurück."

Aber Gebhard schwieg und die Mutter sah wohl, daß er kämpfte, die
Tränen zurückzuhalten, die ihm in die Augen kamen.

Sie streckte die Hand nach ihm aus. "Komm, setze dich neben mich, Gebhard; komm her zu mir, sage mir, was dir so traurig ist. Der Vater kommt uns doch morgen nach."

Nun kam es unter lautem Schluchzen bebend heraus: "Ich kann mich ja nicht auf den Vater freuen. Ich kann jetzt doch den Vater nie mehr lieb haben und habe ihn doch so lieb!"

Helene erschrak in tiefster Seele. Sie selbst war so voll Liebe und
Sehnsucht nach ihrem Mann, sie hatte das innigste Verlangen nach ihm und

Gebhard, sein geliebter Bub, sprach solche Worte!

"Wie darfst du so reden, Gebhard," rief sie erregt, "wo er doch alles nur uns zuliebe getan hat. Er konnte ja auch gar nicht anders!"

"Doch, Mutter, weißt du nicht mehr? Zuerst hat er ganz fest nein gesagt; aber dann hast du die Türe aufgemacht und hast gerufen 'rette uns'. Dann hat dich der Vater angesehen. O hättest du doch die Türe nicht aufgemacht, dann wäre der Vater kein Verräter!"

Die Mutter erblaßte und ließ seine Hand los. Nach einer kleinen Weile sagte sie in einem ernsten, fremden Ton: "Wenn der Vater zurückkommt, so sage so etwas nie zu ihm, sonst machst du ihn ganz unglücklich. Nie sollst du zu irgend jemand wieder so reden!" Dann wandte sie sich ab und er fühlte, daß es ihr jetzt lieb wäre, wenn er nicht neben ihr säße, ging auf seinen ersten Platz zurück und dachte: "Die Mutter kann mich jetzt nicht mehr lieben und ich kann den Vater nicht mehr lieb haben, alles, was schön war, ist vorüber." Er saß wieder an seinem Fensterplatz, Wald war nicht mehr zu sehen, unbekanntes Land, alles, alles anders.

Eine Stunde darnach langten sie an der Station an, waren bald im ärgsten
Gewühl, hatten aber noch die Hilfe von Knecht und Magd, die erst später
in anderer Richtung abfahren konnten. Am Schalter drängten sich die
Leute. Helene verlangte Karten für sich und Gebhard. "Und eine
Hundekarte."

"Das gibt's jetzt nicht."

"Darf er mit in den Personenwagen?"

"Keine Rede. Wir sind froh, wenn wir die Menschen unterbringen. Weiter!"

Helene wurde von den Nachdrängenden ungeduldig weggeschoben.

Was war nun zu tun mit Leo? Der Knecht tröstete Gebhard, versprach ihm, den Hund gut unterzubringen. Und Gebhard sah ein, daß es nicht anders sein konnte; die Reisenden umdrängten Mutter und Kinder, im Strom wurden sie fortgeschoben, keine Zeit zum Abschiednehmen von den treuen Dienstboten, auch nicht von dem geliebten Hund. Ein Winseln hörte Gebhard noch — er wußte, das galt ihm.

Eingepfercht in den Wagen saßen unsere Flüchtlinge, mit Mühe hatten sie noch Sitzplätze erlangt. Immer mehr Reisende drängten herein. Gebhard sah durchs Fenster in das Gewühl. Endlich leerte sich der Bahnsteig, das Zeichen zur Abfahrt wurde gegeben und eben in diesem Augenblick sah Gebhard plötzlich noch einmal seinen Leo auftauchen. Er hatte sich von der Hand des Knechts losgerissen, raste auf den Wagen zu, aus dem Gebhard sah, sprang blitzschnell auf und über alle Hindernisse hinweg zwischen scheltenden Menschen hindurch bis in das Abteil, wo er sich sofort unter den Sitz seines kleinen Herrn duckte und so für sich selbst die Frage löste, ob Hunde mitfahren dürften.

Gebhard war so außer sich vor Freude, daß auch Helene, die zuerst über den Eindringling erschrocken war, freundlich dem Tier zunickte, das ihr gegenüber unter dem Sitz ängstlich hervorsah, nicht ganz sicher, ob es geduldet würde. Allerdings versuchte auch ein Herr Einsprache zu erheben. "Es gehört sich nicht, daß solch ein großer Hund in den Wagen genommen wird." Aber ein älterer Mann ergriff Partei für das Tier oder mehr noch für die Familie.

"Freilich gehört sich's nicht," bemerkte er, "aber es gehört sich auch nicht, daß so ein junges Frauchen mit dem kleinen Kind flüchten muß. Und um eine Flucht wird sich's wohl handeln. Nach Vergnügungsreisenden sehen sie nicht aus. Habe ich's erraten?"

Helene konnte nur gegen Tränen ankämpfend mit unsicherer Stimme bejahen.

"Nun also; dann wird Ihnen auch niemand den Hund absprechen; so ein treues Tier ist auch ein Schutz."

So blieb der Hund unbeanstandet und bewährte sich auf der Fahrt als kluges Tier. "Hast du bemerkt, Mutter, wie Leo so schlau ist und sich still hält, wenn der Schaffner hereinkommt?" fragte Gebhard.

Nein, Helene hatte das nicht beachtet. Sie saß in schwere Gedanken versunken. Zuerst hatte nur die Sorge sie bedrückt, ob auch gewiß der geliebte Mann morgen zurückkäme. Allmählich aber legte sich ihr schwer aufs Herz der Gedanke, daß er wohl zurückkommen könnte, aber mit einer Schuld auf dem Gewissen, die nie, nie mehr zu tilgen war. Wenn schon Gebhard diesen Verrat so tief empfand, wieviel mehr sein Vater! Und dazu hatte *sie* ihn veranlaßt! Sein ganzes Leben hatte sie verdorben!

Und nun kamen noch andere schwere Überlegungen. Sie konnte sich nicht entschließen—wie es ihres Mannes Wunsch gewesen—zu seiner Mutter zu gehen. Diese war eine tapfere aber auch strenge Frau. Helene fühlte nicht den Mut, ihr zu erzählen, was vorgefallen war, und es kam ihr unmöglich vor, ihr unter die Augen zu treten. So überlegte sie und beschloß, bei ihrem Bruder Zuflucht zu suchen. Er und seine Frau hatten sich schon bei Kriegsausbruch freundlich erboten, Helene mit dem Töchterchen aufzunehmen. Damals hatte sie sich nicht von ihrem Manne trennen wollen. Jetzt war es anders. Sie wollte dorthin, aber wohin würde ihr Mann sich wenden?

In diesen Gedanken hatte Gebhards Frage sie unterbrochen. Nun sah er die Mutter aufmerksam an und seinem teilnehmenden Blick fiel auf, wie verändert sie aussah. Sie hatte doch immer so helle Augen gehabt und einen fröhlichen Mund. Nun waren die Augen trübe und der Mund zuckte wie von verhaltenem Schmerz. Gebhard dachte an seinen Vater. Wenn der jetzt erschiene, ja dann würde die Mutter wieder so strahlend aussehen wie sonst. Gerne hätte er das auch so zustande gebracht wie der Vater, aber das konnte er nicht; im Gegenteil: daß sie so verändert aussah, war wohl seine Schuld; seit dem Gespräch im Wagen war sie so still. Er hätte vielleicht das nicht sagen sollen, was er gesagt hatte. Was konnte er aber jetzt machen? Lauter fremde Leute saßen herum, man konnte gar nichts Liebes zu der Mutter sagen. Eine ganze Weile blieb er still und nachdenklich, aber auf einmal kam ihm, was er suchte. "Mutter, unser Jüngferlein schläft so sanft, sieh nur, wie rosig ihre Bäckchen sind!"

Die Mutter blickte auf das Kind, streichelte die weichen Bäckchen, aber dabei füllten sich ihre Augen mit Tränen.

Auch das Jüngferlein konnte die Freude nicht hervorlocken? Ja, dann wußte Gebhard keinen Rat. Es ging eben nicht ohne den Vater!

Drittes Kapitel.

Im Verlauf der langen, mühseligen Reise erfuhr Gebhard, daß nicht der Großmutter Haus das Reiseziel sein sollte; in der Mutter Heimat, bei Onkel und Tante Kurz, sollten sie ihre Zuflucht suchen. Es war eine Enttäuschung für ihn; die Großmutter kannte und liebte er, die Verwandten der Mutter waren ihm fremd. Helene suchte ihm Lust zu machen. "Onkel und Tante haben uns längst eingeladen; sie können uns viel leichter aufnehmen als die Großmutter; sie haben ein eigenes Landhaus vor der Stadt, mit einem Garten; du wirst sehen, daß wir's gut bei ihnen haben."

"Aber wenn der Vater zurückkommt, der wird uns bei der Großmutter suchen!"

"Wir schreiben der Großmutter, wo wir sind!"

"Kommt dann der Vater zu uns, weiß er, wo das ist?"

"Aber freilich weiß er das, Gebhard. Bei meinem Bruder und seiner Frau war ja unsere Hochzeit, dort hat mich der Vater geholt, weil ich keine Eltern mehr habe. Mein Bruder hat mich auch so lieb, weißt du, fast wie wenn ich sein Kind wäre. Er ist viel älter als ich." Gebhard überlegte. "Ja, dann kann ich das schon begreifen, daß du zu ihm möchtest."

Seufzend ergab er sich.

Nach manchem unfreiwilligen Aufenthalt und schier unerträglicher Fahrt kam Helene mit den beiden Kindern am späten Abend an ihrem Bestimmungsort an. Wohl hatte sie ihr Kommen angekündigt, aber Tag und Stunde voraus anzugeben, war in dieser Zeit unmöglich. So stand sie nun in dunkler Nacht, mit den übermüdeten Kindern, mit dem Hund und vielem Gepäck auf dem Bahnsteig, und wußte nicht, wie sie nun bis in ihres Bruders Haus kommen sollte. Alles an dem Bahnhof hatte ein anderes Aussehen als früher. Befremdet sah Helene um sich. Sie hatte nicht gedacht, daß auch auf dem Bahnhof dieser kleineren Stadt die Kriegszeit sich so bemerklich machte. An ihr vorbei eilte eine weibliche Gestalt in großer, weißer Schürze, am Ärmel mit dem Roten Kreuz gezeichnet. Einen Eimer heißen Tee am Arm ging sie von Wagen zu Wagen und bot den durchreisenden Soldaten die Labung an. Einer derselben, ein Landwehrmann, lehnte dankend ab. "Wir haben erst in der vorigen Station Tee bekommen, aber wenn Sie sich um die junge Frau mit den Kindern da drüben annehmen wollten, die haben mich schon lang gedauert, sie sind aus ihrer Heimat vertrieben!"

Die Helferin wandte sich nach der bezeichneten Stelle, sah die hilflose Gruppe und ging sofort darauf zu. "Reihen Sie noch weiter, kann ich Ihnen helfen?" frug sie Helene. Aber als sie dicht voreinander standen, erkannten sich die beiden Frauen. Sie waren einst zusammen in die Schule gegangen.

"Ich habe dich gar nicht gleich erkannt, Helene; ist das dein Kindchen? Hast du allein reisen müssen? Dein Mann ist wohl einberufen? Du Ärmste, du siehst so angegriffen aus. Wirst du nicht abgeholt? Nein? Warte nur ein klein wenig, ich helfe dir. Sieh, dort ist eine Bank, setzt euch einstweilen!" Sie eilte wieder an den Zug, da und dort wurde sie angerufen und um Tee gebeten.

Ein blutjunger Freiwilliger reichte eine Postkarte heraus, bat, man möchte ihm die Liebe erweisen, sie einzuwerfen, weil seine Mutter sich gar so sehr um ihn sorge. So war sie voller Tätigkeit, bis der Zug wieder davon fuhr. Dann aber eilte sie zu der kleinen Gruppe müder Menschen, die auf sie harrten, und es gelang ihr, einen Wagen für sie aufzutreiben und sie samt Gepäck und Hund glücklich darin unterzubringen. "Zu Fabrikant Kurz," lautete die Anweisung für den Kutscher.

Die Fahrt ging durch dunkle Straßen, denn an den Laternen wurde gespart in dieser Kriegszeit. Fast Mitternacht war es, bis sie am Haus hielten, aber doch war ein Fenster noch erleuchtet und wurde bei dem Anfahren des Wagens geöffnet. "Wer kommt?" rief eine Stimme von oben. "Wir sind's, Bruder!"

Einen Augenblick später wurde die Haustüre geöffnet und der Bruder, Fabrikant Kurz, hieß seine nächtlichen Gäste willkommen. "Verzeih, daß wir euch so spät bei Nacht ins Haus fallen," sagte Helene, "es ließ sich nicht ändern."

"Es ist für mich nicht spät, ich habe jetzt oft bis in die Nacht hinein zu arbeiten. Aber gehört denn der Hund auch zu euch? Den habt ihr mit hieher gebracht?" Mißfällig betrachtete er Leo, der sich an Gebhard drängte.

"Es ist Gebhards Liebling, sie sind so anhänglich aneinander!" Herr Kurz beachtete jetzt erst seinen kleinen Neffen.

"Das ist also Gebhard? Wir waren eigentlich der Meinung, er käme zu seiner Großmutter; aber kommt nur herauf, es sind zwei Gastzimmer gerichtet. Was ist mit deinem Mann, ist er einberufen?"

"Nein; er wird bald nachkommen."

"Warum hat er dich nicht auf der langen Reise begleitet? Muß er noch im
Forsthaus bleiben?"

Helene zögerte mit der Antwort. "Ich erzähle dir das morgen. Wir sind so müde, wenn wir uns vielleicht gleich legen dürften!"

"Ihr müßt doch vorher essen!"

"Danke, wir bekamen unterwegs was wir brauchten, nur Ruhe möchten wir."

Der Hausherr hatte dem Stubenmädchen geklingelt, das erschien nun um an Stelle der Hausfrau, die nicht gestört werden sollte, für die Gäste zu sorgen.

Ein schönes Gastzimmer mit allen Bequemlichkeiten war für Helene gerichtet, auch ein Kinderwagen stand bereit. Gerührt dankte sie dem Bruder für diese Fürsorge. Die Kleine, die schlafend angekommen war, erwachte jetzt und fing kräftig an zu schreien. Der Hausherr, der selbst keine Kinder hatte, sah ratlos auf das kleine, ungebärdige Wesen, befahl dem Mädchen alles weitere zu besorgen und wünschte der Schwester gute Nacht. Gebhard nahm er mit sich, Leo folgte. "Wenn nur der Hund die Nachtruhe nicht stört!" sagte der Onkel, während sie die Treppe hinauf gingen.

"Vor meiner Tür wird er gewiß ruhig liegen bleiben," versicherte
Gebhard.

"Das wird sich zeigen. Wenn Hunde in fremde Umgebung kommen, heulen sie oft. Mich wundert, daß dir dein Vater erlaubt hat ihn mitzunehmen!"

"Der Vater war gar nicht da, als wir abgereist sind." Gebhard hatte das kaum gesagt, so merkte er, daß er besser darüber geschwiegen hätte.

"Wo ist denn dein Vater?" Was sollte Gebhard darauf antworten? Er wußte es nicht.

"Ich meine wo dein Vater war, als ihr flüchten mußtet? Blieb er im
Forsthaus zurück?"

"Nein." Die sichtliche Verlegenheit des Knaben fiel dem Manne auf. Es mußte etwas geschehen sein, was Mutter und Sohn nicht gern sagten.

Er wollte nicht weiter in das Kind dringen. Im oberen Stock des Hauses war ein zweites Gastzimmer bereitet, fein und vornehm war auch hier die Einrichtung. "Kommst du allein zurecht?" fragte der Onkel, "oder soll ich dir das Stubenmädchen heraufschicken?"

"Nein danke, ich kann alles allein machen. Aber bitte, Onkel, wenn ich Leo eine Strohmatte oder eine Decke vor meine Tür legen dürfte; er versteht dann, daß er da hingehört."

Es fand sich eine Matte und der Hund nahm verständig seinen Platz ein. Onkel und Neffe wünschten sich gute Nacht. Gebhard lag bald in dem feinen Gastbett. Aber unter dem fremden Dach in dem einsamen Schlafgemach überfiel ihn ein bitteres Heimweh und trotz aller Müdigkeit konnte er nicht einschlafen. So weit, weit weg war er vom Forsthaus! Und der Vater, wo war der? Der Vater, von dem man jetzt gar nicht reden konnte, während man früher so stolz auf ihn war! Dem kleinen Burschen war zumute, wie wenn ihm der Boden unter den Füßen wankte, da mit der Heimat zugleich die klaren Verhältnisse der glücklichen Kinderzeit schwanden, in denen er festgewurzelt war.

Wenn wenigstens die Mutter nebenan schliefe oder etwas von der Kleinen zu hören wäre, aber gar so einsam war es hier oben! Lange wehrte sich Gebhard als tapferer, kleiner Mann gegen die Tränen; endlich kamen sie doch, das

Schluchzen ließ sich nicht mehr unterdrücken und schüttelte seinen Körper.

Mitten in der nächtlichen Stille wurde ein Laut hörbar. Gebhard setzte sich auf, lauschte und vernahm ein leises Winseln vor der Türe. Sicher hatte das wachsame Tier seines kleinen Herrn Schluchzen vernommen und war beunruhigt. Oder hatte es selbst Heimweh? Noch einmal derselbe ungewohnte Laut. Es klang so traurig! Da mußte Gebhard trösten. Er tastete sich in der Finsternis an die Türe und hatte kaum einen Spalt geöffnet, so zwängte sich der Hund herein und drängte sich mit freudigem Bellen an seinen Herrn.

"Still, still!" mahnte Gebhard und das gut gezogene Tier verstummte sofort, aber es wedelte und bezeugte seine größte Freude. "Ja, ja, du darfst hier bleiben," flüsterte Gebhard, "du hast Heimweh; komm her!" Er holte leise die Matte herein und legte sie neben sein Bett. "So, dann sind wir beisammen, ganz nahe. Leg dich!"

Vom Bett aus konnte Gebhard seinen Leo streicheln. Nun wich das Gefühl der Einsamkeit, vorbei war's mit den nächtlichen Tränen. Schon nach wenigen Minuten hatten die beiden guten Kameraden den Schlaf gefunden.

In der Frühe des nächsten Morgen, noch ehe es heller Tag war, schreckte Helene auf durch ein Klingeln an der Haustüre. Wer kam so frühe? Sicher ihr Mann oder doch eine Nachricht von ihm! Im Nu warf sie einen Morgenrock um, eilte hinaus an die Treppentüre, denn sie selbst wollte ihm öffnen, ihn hereinführen in ihr Zimmer, ihn lieb haben. Ach—beschämt stand sie vor dem Milchmann und vor dem Küchenmädchen, die beide mit erstaunten Augen auf die junge Frau schauten; ohne ein Wort kehrte sie in ihr Schlafzimmer zurück.

Das war die erste Enttäuschung und es folgten jede Stunde neue, denn der sehnlich Erwartete kam nicht, und keine Post brachte Nachricht von ihm.

Bruder und Schwägerin ließen sich's einen ganzen Tag gefallen, im Unklaren zu bleiben über das Schicksal, das die Familie Stegemann getrennt hatte; sahen sie doch, wie verstört Mutter und Sohn waren und daß sie sich nicht entschließen konnten, von dem Erlebten zu sprechen. Die Schwägerin war eine gutmütige Frau, hatte Helene lieb und wollte, daß die Vertriebenen sich wohl fühlten in ihrem Haus. Es war ja auch alles in Hülle und Fülle da und keine Kriegsnot zu verspüren; denn in der Kurz'schen Fabrik, die in Friedenszeit allerlei feine Stahlwaren herstellte, wurden nun Granaten gemacht; der Betrieb war Tag und Nacht im Gang und es ging mehr Geld ein als je in früheren Zeiten. Viele beneideten die Familie Kurz und wollten ihr den wachsenden Reichtum mißgönnen. So kam es dem Fabrikherrn und seiner Frau ganz erwünscht, daß die Vertriebenen bei ihnen Zuflucht suchten. Jedermann konnte nun sehen, daß von diesem Reichtum guter Gebrauch gemacht wurde. Aber unbequem waren die Fragen der Bekannten nach den Schicksalen der jungen Familie, nach dem Verbleib des Försters Stegemann. Was sollte man antworten, wenn man selbst nichts wußte?

Herr Kurz sprach mit seiner Frau. "So kann das nicht weiter gehen; Helene weicht allen Fragen aus und sieht gleich so unglücklich aus, daß ich nicht in sie dringen mag; und der Bub hat etwas trotzig Zurückhaltendes, das einem die Lust nimmt, ihn zu fragen. Helene schrieb immer so beglückt über ihn, rühmte sein offenes, zutunliches Wesen. Ich finde nichts davon und wollte, er wäre samt dem Hund anderswo untergebracht. Aber nun, da er bei uns wie ein Kind vom Haus aufgenommen ist, kann man wenigstens von ihm

Antwort auf berechtigte Fragen erwarten. Nimm du ihn einmal vor. Er soll sagen, wo sein Vater ist. Ich will das wissen."

"Du hast ganz recht, habe nur Geduld, ich will es schon herausbringen," sagte Frau Kurz beschwichtigend. An diesem Tag, während ihr Mann in der Fabrik war, und Helene auf Zureden der Schwägerin sich auf ihr Ruhebett gelegt hatte, ergab sich's, daß Tante und Neffe allein beisammen waren und sie benützte die Gelegenheit, brachte die Sprache auf das Forsthaus, fragte, ob dieses nun ganz leer stehe, ob wohl Gebhards Bücher und Spiele alle mitgekommen seien oder sie ihm neue kaufen solle. Da wurde Gebhard vertraulich und mitteilsam; schilderte, wie hastig Hab und Gut aufgepackt worden seien und daß das meiste zurückgeblieben sei.

"Was dir oder der Mutter fehlt, werde ich euch alles neu kaufen," sagte die Tante gütig, und der kleine, wohlerzogene Mann küßte ihr dankbar die Hand. Nun fragte die Tante weiter: "Hat dein Vater seine eigenen Sachen selbst aufgepackt, und hat er euch begleitet bei der Abfahrt?"

"Nein," sagte Gebhard und wandte sich schon von der Tante ab, der Türe zu. Sie merkte, er wollte weiteren Fragen ausweichen. Aber so hatte sie es nicht gemeint. Sie griff nach seiner Hand. "Nun bleibe noch da, Gebhard, und erzähle mir ganz genau, wann dein Vater fortgegangen ist, warum und wohin. Das müssen wir wissen, dein Onkel und ich."

Da Gebhard schwieg, fuhr sie fort: "Die Mutter ist doch so traurig, das siehst du ja und wenn sie über den Vater spricht, regt es sie auf, darum will ich sie nicht fragen. Willst du ihr das abnehmen und ihr zulieb mir alles sagen?"

"Nein, ich kann nicht!" rief Gebhard gequält und wollte entweichen. Aber die Tante hielt ihn fest.

"Weißt du, daß du recht unartig bist? Nun haben wir die Mutter mit der Kleinen und dich und sogar deinen Hund mitten in der Nacht bei uns aufgenommen und sorgen für euch, weil ihr gar keine Heimat habt und du willst mir nicht einmal anvertrauen, wo der Vater ist? So undankbar willst du sein?"

"Nein, ich will nicht undankbar sein, aber ich kann's nicht sagen," rief der Knabe entschieden und suchte sich loszumachen. Frau Kurz verlor die Geduld, packte ihn fest und rief: "Gebhard, du mußt!"

Da riß er sich mit Gewalt los, rief in heller Verzweiflung: "Ich will die Mutter fragen, ob ich muß," und stürzte aus dem Zimmer, hinüber in das der Mutter. Die schrak aus ihrer Mittagsruhe auf, als Gebhard ungestüm auf sie zukam und laut schluchzend rief: "Mutter, muß ich den Vater verraten? Muß ich?" Erschreckt zog Helene das ganz erschütterte Kind an sich und wollte ihm tröstend zusprechen, aber durch die offengebliebene Türe war die Tante dem Flüchtling gefolgt und hatte Gebhards Ausruf gehört. "Du hast ihn ja schon verraten," sagte sie, "geh jetzt hinaus, ich weiß genug. Geh in dein Zimmer, du machst ja dein Mütterchen noch krank mit deinem Ungestüm!"

Beschämt und traurig zog Gebhard sich zurück. In seinem Zimmer saß er still, wußte nicht, wie es gekommen war, daß die Tante sagen konnte, er habe den Vater verraten und er mache die Mutter krank, mochte sich selbst nicht mehr leiden und wußte sich keinen Rat.

Inzwischen hatte Frau Kurz sich neben die junge Schwägerin gesetzt,

tröstete sie freundlich und brachte allmählich durch teilnehmende
Fragen und dringendes Zureden alles heraus, was sie wissen und ihrem
Mann berichten wollte.

Dieser empfand wohl volle Teilnahme für seine Schwester, aber er dachte auch an sich selbst, an die Familienehre und an das Geschäft. Es war eine böse Sache. Er fürchtete, die militärischen Aufträge könnten ihm entzogen werden, wenn des Schwagers Verrat ruchbar würde. Aufgeregt ging er in seinem Zimmer auf und ab, während er seiner Frau diese Gefahr auseinander setzte. "Nie hätte ich gedacht, daß durch Stegemann Unehre in die Familie käme. Wie sah Helene an ihm hinauf, wie stolz sprach sie von seinen und seiner Mutter edlen Grundsätzen! Wie wenn die Familie Stegemann viel höher stünde als unsere eigene! Nun, wenn wir auch nüchterne Leute sind und unsern Geschäftsvorteil wahren, einen Vaterlandsverräter haben wir doch nie in unserer Familie gehabt!"

"Sprich nur nicht laut davon," mahnte seine Frau, "das bleibt ganz verschwiegen. Ich glaube nicht, daß ihn die Russen frei gegeben haben und wenn ja, dann kann er nicht wagen, sich in Deutschland blicken zu lassen, nach dem was er getan. Mach dir keine Sorgen. Wer sollte das verraten? Helene nicht und der Bub auch nicht, auf den kannst du dich verlassen!"

So beruhigte sie ihren Mann. Und es kam so, wie sie gesagt, niemand erfuhr mehr von dem Vermißten als was sie selbst von ihm aussagten: er sei im Krieg und man warte vergeblich auf Nachrichten.

Viertes Kapitel.

Die Tage, die Wochen vergingen — vom Förster Stegemann drang keine Kunde zu seiner Frau. Sie lebte still und eingezogen. Vom Krieg wollte sie nichts hören, nichts lesen und wenn jemand sie darauf hinwies, daß gar viele Frauen ihre Männer, ihre Söhne vermissen mußten, so war ihr das kein Trost. Andere Frauen durften stolz sein auf das, was ihre Männer taten fürs Vaterland — sie mußte sich schämen; die andern waren unschuldig — sie hatte eine Schuld auf dem Gewissen. Wenn Gebhard sie traurig ansah, mußte sie an sein Wort denken: Hättest du die Türe nicht aufgemacht!

Gebhard ging in die Schule, aber er stand einsam unter den Mitschülern, fremd dem Lehrer gegenüber. Der sprach von Krieg und Sieg, von Vaterlandsliebe und Heldentod — das konnte Gebhard nur mit bitterer Scham anhören; und wenn die Kameraden von ihren Angehörigen im Feld erzählten, dann hatte er Angst vor ihren Fragen, ging ihnen aus dem Weg, spielte lieber daheim mit Leo, seinem treuen, schweigsamen Freund aus der alten Heimat.

Eines Abends, als er still und später als sonst an seinen Schulaufgaben in dem Zimmer neben dem Eßzimmer saß und ihn wohl niemand dort vermutete, hörte er Onkel und Tante sprechen, was nicht für ihn bestimmt war. Der Onkel sagte: "Das Beste wäre, Stegemann bliebe verschollen, er würde doch nur Schande bringen in unsere Familie."

"Ja," sagte die Tante, "aber ich denke, er ist längst tot, wenn man es nur bestimmt erfahren könnte."

Da tat dem kleinen Burschen nebenan das Herz so weh, wie noch nie und er fühlte, wie lieb er seinen Vater hatte, trotz allem was geschehen war, und daß er ganz zu ihm gehörte.

Und ein Zorn kochte in ihm auf gegen die Menschen, die den Vater gern gestorben wüßten. Aber er durfte ja nichts sagen, denn gar oft schon hatte die Mutter ihm vorgehalten, wie dankbar sie gegen Onkel und Tante sein müßten.

In diesem Augenblick kam die Mutter zu ihm herein, hatte ihr Töchterchen im weißen Nachtgewand im Arm und zeigte sie Gebhard: "Sieh, wie die Kleine nett aussieht, sie soll noch der Tante gute Nacht sagen, komm mit."

Ungern folgte Gebhard. Im Eßzimmer wurde der kleine Liebling bewundert. Der Onkel, der für gewöhnlich um diese Zeit nicht da war und das Kind selten sah, freute sich an dem netten Anblick, wollte auch der Mutter eine Freude machen und sagte schmeichelnd zu der Kleinen: "Willst du denn auch einmal zu mir kommen, mein schönes Jüngferlein?"

"Nein, sie soll nicht!" rief plötzlich mit rotem Kopf in aufbrausendem Zorn Gebhard. Erschrocken wandten sich alle nach ihm um, aber er achtete nicht auf die vorwurfsvollen Blicke. "Es ist nicht dein Jüngferlein," rief er, "es ist dem Vater sein Jüngferlein, und mir gehört sie auch mit. Gib sie mir, Mutter, mir, nicht dem Onkel!" Er drängte sich an die Mutter, die ganz blaß geworden war. "Was fällt dir ein, Gebhard!" und sie wandte sich an den tief gekränkten Bruder: "Verzeih, ich weiß gar nicht, was dem Kind in den Sinn kommt!"

Die Schwägerin sah, wie ihrem Mann der Zorn aufstieg. Sie wandte sich an
Helene: "Wenn du irgend etwas von Erziehung verstehst, so mußt du das
Töchterchen dem Onkel geben und mußt den unartigen Jungen zur Türe
hinausstecken!"

"Ja freilich, du hast ganz recht," sagte Helene. Sie sah ein, daß sie einen solchen Ton nicht dulden durfte, aber sie fühlte durch, und sah es Gebhard an, daß er tief erregt war, und er tat ihr so leid. Sie konnte ihn nicht verstehen. Es war doch gar nichts vorgefallen, was ihn so aufbringen und seine Rede entschuldigen konnte. So zog sie das Kindchen zurück, nach dem er noch immer begehrte, reichte es dem Onkel hin, und sagte unsicher: "Ich muß dich aus dem Zimmer weisen, Gebhard!" Er sah sie einen Augenblick erstaunt an, weil er so etwas noch nie von ihr erfahren hatte, dann folgte er ohne Widerspruch. Unter der Türe blickte er noch einmal zurück und sah die Mutter mit Onkel und Tante beisammen stehen, das Schwesterchen auf des Onkels Arm. Da war's ihm, als gehörten diese vier zusammen, er aber gehörte nicht zu ihnen, sondern zu dem armen, armen Vater, der so weit fort war und den er doch über alles in der Welt liebte.

So wuchs allmählich eine Scheidewand zwischen ihm und der Mutter auf. Es fehlte der Vater, der die beiden so innig verbunden hatte.

Aber es kam Hilfe von anderer Seite. Frau Dr. Stegemann, Gebhards Großmutter, kannte Helene nur wenig, aber sie hatte sie vor Jahr und Tag herzlich als Schwiegertochter willkommen geheißen, manchen Brief mit ihr gewechselt und sich innig gefreut über das Glück, das sie ihrem Sohn und Enkel von Herzen gönnte. Sie konnte sich vorstellen, wie schwer die junge Frau unter der Trennung von dem Gatten leiden mußte. Aber sie begriff nicht, warum die Schwiegertochter ihr jetzt nur selten und kurz schrieb, ihr, der Mutter, die doch am besten mit ihr fühlen konnte und die längst gebeten hatte, ihr die genaueren Umstände über die Verschleppung ihres Sohnes zu berichten. Die Schwiegertochter entschuldigte sich damit, daß es sie zu sehr angreife, von diesem schrecklichsten Tag ihres Lebens zu erzählen; aber Frau Dr. Stegemann gab sich nicht länger mit diesem Bescheid zufrieden. Als es Winter wurde und immer dieselben dürftigen, traurigen Briefe kamen, schrieb sie der Schwiegertochter, wofern sie und die Kinder gesund seien, möge sie mit ihnen in Gebhards Weihnachtsferien zu ihr kommen. Es klang mehr wie ein Verlangen als wie eine Bitte oder Einladung.

Helene zeigte den Brief ihren Geschwistern.

"Du hättest deiner Schwiegermutter längst den ganzen Sachverhalt mitteilen sollen," meinte der Bruder, "sie als Mutter kann erwarten, daß ihr nichts vom Schicksal ihres Sohnes verschwiegen wird."

"Aber es kann ihr doch nur schrecklich sein! Sie hat uns bei Beginn des Krieges voll glühender Vaterlandsliebe geschrieben. Und dann—ich traue mich nicht, ihr zu sagen, wie das alles gekommen ist, sie wird mich verachten, denn sie ist so eine tapfere, strenge Frau!"

Die Schwägerin fiel ihr ins Wort: "Immer quälst du dich wieder so unnötig mit Vorwürfen. Jede Frau hätte so wie du für ihr und ihrer Kinder Leben gebeten!"

"*Sie* nicht!" sagte Helene bestimmt. Der Bruder wurde ärgerlich. Er war immer ein wenig eifersüchtig gewesen und hatte nie recht vertragen können, daß seine geliebte Schwester eine so hohe Meinung von der Familie Stegemann hatte.

"Du bist nicht schuld," sagte er; "ein Mann muß selbst wissen, was er zu tun hat; es wäre ohne deine Einrede wohl alles ebenso gegangen!"

Aber jetzt ereiferte sich Helene. "Nein, nie, ganz gewiß nicht.

Ich begreife mich selbst nicht mehr, warum ich nicht lieber mit meinem Kind sterben wollte: der Tod ist nicht das schlimmste!"

Sie brach in Tränen aus. Der Bruder suchte sie zu beruhigen. "Du brauchst deiner Schwiegermutter nicht zu erzählen, was *du* bei der Sache gesprochen hast. Darüber schweigst du einfach!"

"Ach, das kann ich nicht, wenn sie mich mit ihren klaren Augen ansieht, so muß ich die ganze Wahrheit sagen. Sie würde es doch gleich merken, daß mir noch etwas auf der Seele liegt."

"Ei, so bleibe hier!" riet die Schwägerin. "Schicke ihr Gebhard allein, sage, du könnest mit der Kleinen im Winter nicht reisen und ohne das Kind nicht fort. Zwar wäre sie ja bei mir und dem Mädchen wohl versorgt, aber es ist doch eine gute Ausrede; versprich deinen Besuch fürs Frühjahr, dann wollen wir weiter sehen."

"Ja, das wird das Beste sein," sagte der Bruder, "sie kann die Winterreise und dazu solch eine Aufregung nicht von dir verlangen und
Gebhard wird sehr gern zu seiner Großmutter gehen mit seinem Hund,
na—er kann auch ganz dort bleiben, wenn sie es wünscht."

"Er wird sich nicht gern von mir trennen wollen!"

"Das bildest du dir ein, so ist er nicht."

"Meinst du?" Nachdenklich fügte sie hinzu: "Ja, es kann sein, daß er mich nicht vermißt. Es ist alles nicht mehr so, wie es war. Aber dann werden wir uns ganz fremd!"

"Du mußt dich an dein Töchterchen halten, das wird alle

Tage netter und gehört dir ganz und gar."

Aber die junge Mutter konnte sich nicht gleich mit dem Gedanken trösten, daß ihr der kleine Liebling blieb. Es tat ihr weh, zu denken, Gebhard werde sie nicht vermissen. Sie war doch so stolz gewesen auf des Knaben Liebe und seine rührende Verehrung.

"Ich will selbst Gebhard die Einladung der Großmutter ausrichten," sagte der Bruder, die Beratung abschließend. "Ruhe du dich ein wenig aus und dann schreibe deiner Schwiegermutter. Gebhard ist ja bei ihr gut versorgt und für dich wird es so am besten sein, meinst du nicht?"

"Ich weiß nicht," sagte Helene, "aber ich will es so machen, wie ihr meint, ich danke euch, ihr seid so nachsichtig gegen mich."

Sie ging in ihr Zimmer und tat, wie man ihr geraten, legte sich auf ihr Ruhebett. Ach, sie meinten es so gut mit ihr, aber sie hatten ja gar keine Ahnung, wie traurig sie war, wie heiß ihre Sehnsucht nach dem verlorenen Glück.

Herr Kurz hatte es gut verstanden, Gebhard die Reise zur Großmutter verlockend darzustellen. Davon, daß er vermutlich dauernd bei ihr bleiben sollte, hatte er nichts erwähnt, das hatte noch Zeit. So behielt der Onkel recht. Gebhard war nur vergnügt über die Einladung für die Weihnachtsferien, dachte gar nicht an die Trennung von der Mutter. Es war ja natürlich, daß das Kind sich freute zur Großmutter zu kommen, die in den Jahren der Einsamkeit im Forsthaus treulich jeden Sommer gekommen war und ihm längst nahe stand, ehe Helene zur Familie gehörte.

Heute ging die Mutter mit ihm hinauf in sein Zimmer, um mit ihm einzupacken. Frohgemut reichte er ihr zu, was sie verlangte, aufmerksam verfolgte Leo dieses ungewohnte Treiben. "Jetzt deine Schulbücher, Gebhard?"

"Soll ich die mitnehmen?" Verwundert sah er die Mutter an und bedenklich klang seine Frage: "Muß ich denn lernen in den Weihnachtsferien?"

"In den Ferien nicht, aber nachher, wenn die Schule wieder anfängt, mußt du doch deine Bücher haben."

"Nach den Ferien komme ich doch wieder hieher?"

"So war's nicht gemeint, Gebhard. Die Großmutter wird dich gerne behalten. Hat dir davon der Onkel nichts gesagt?"

"Nein." Er wurde sehr nachdenklich. Die Mutter stand vor dem Koffer, hatte die Hand ausgestreckt nach den Schulbüchern, die nicht kamen. Sie sah, wie Gebhards Gesicht trübselig wurde. Jetzt schmiegte er sich an sie. "Mutter, kannst du nicht mitkommen zu der Großmutter? Hat sie bloß mich ganz allein eingeladen?"

"Nein, aber das Schwesterchen ist noch zu klein für solch eine
Winterreise und sie braucht mich doch!"

"Ja, aber Mutter, du hast viel früher einmal zu mir gesagt, wir blieben jetzt immer beisammen, der Vater und du und ich; das war so schön. Und jetzt ist der Vater fort und dann habe ich auch keine Mutter mehr!"

"O doch, Gebhard, ich bleibe ganz gewiß deine treue Mutter!" Aber Gebhard entgegnete trotzig: "So eine Mutter, die nicht bei mir ist, hilft mir gar nichts. So eine habe ich immer schon gehabt, im Himmel, aber ich möchte eine, die bei mir bleibt."

"Später, Gebhard, kommen wir gewiß wieder zusammen, aber jetzt hast du einstweilen die Großmutter. Bei ihr warst du doch früher so gern; und hier—warst du denn gerne hier im Haus, bei Onkel und Tante?"

"Nein, gar nicht gern, weil sie den Vater nicht mögen. Neulich haben sie so etwas Schreckliches über den Vater gesagt, das darfst du gar nicht hören, Mutter. Darum mag ich sie gar nicht mehr!" Tränen des Zorns kamen dem Kind bei der Erinnerung.

"Wann war denn das?"

"An dem Abend, wo der Onkel das Jüngferlein wollte!"

"Ach, damals? Gebhard, sieh, du wirst glücklicher sein bei der Großmutter. Sie hat den Vater so lieb und sie nimmt dich mit deinem Leo so gerne zu sich!"

"So? hat sie das geschrieben?" Langsam machte er sich von der Mutter los. "Da sind meine Schulbücher."

Still vollendeten sie das Geschäft des Einpackens; aber beunruhigt lief der Hund hin und her, er merkte, daß Ungewohntes vor sich ging.

"Du darfst mit mir gehen, Leo, sei nur zufrieden, wir zwei trennen uns nicht!" Bei diesen Worten nahm Gebhard den schmalen Kopf des Hundes zwischen seine Hände. Ein leises Bellen bezeugte das Einverständnis des klugen Tiers; es legte sich nun still neben den Koffer, bereit Hab und Gut seines kleinen Herrn zu bewachen.

Sie waren fertig, das Zimmer sah öde aus.

"Komm nun, Gebhard," sagte die Mutter und es war ihr wehmütig ums Herz in dem leeren Zimmer, "komm, wir wollen nach dem Schwesterlein sehen."

Er griff nach ihrer Hand, sah zu ihr auf und merkte, daß sie traurig war. "Mutter," begann er, "jetzt denkst du an den Vater, das sehe ich dir immer an. Aber du hast noch dein Jüngferlein, das ist dir doch das allerliebste und das bleibt bei dir."

Sie drückte fest seine Hand. Nein, sie hatte jetzt eben nicht an ihren
Mann gedacht, sondern an den kleinen Mann, der da so liebevoll an ihrer
Hand ging und sie noch tröstete, obwohl sie ihn von sich schickte.

Schon vor der Zimmertüre hörten sie die Tante, die ihren Spaß hatte mit der Kleinen. Die lachte laut und übermütig vor Vergnügen. Das lustige Töchterlein—der traurige Bub— es gab der Mutter zu denken.

Am frühen Morgen des folgenden Tags trat Helene in Gebhards Schlafzimmer. Er erwachte bei ihrem Eintritt. Frisch und tatkräftig stand die Mutter vor ihm, wie schon lange nicht mehr. "Gebhard, steh auf, es ist Zeit, daß wir reisen, wir zwei miteinander!" Und als er sie mit großen, fragenden Augen ansah, lachte sie hell, setzte sich zu ihm auf den Bettrand und sagte: "Ich habe mir heute Nacht gedacht: das Jüngferlein ist schnöde, es macht sich gar nichts daraus, wenn ich fortgehe, es jauchzt bei der Tante wie bei mir. Aber mein Bub, der möchte mich gern bei sich haben; so will ich wenigstens für eine Woche mit ihm gehen!" Da wurde die junge Frau stürmisch umarmt und geküßt und mußte an ihren Mann denken.

Eine Stunde später waren sie auf der Reise.

Fünftes Kapitel.

Unsere zwei Reisenden waren diesmal allein im Abteil: Leo hatte sich nicht eingedrängt; ganz verständig hatte er sich darein gefunden, in dem für seinesgleichen bestimmten Raum Platz zu nehmen. Gebhard stand eine ganze Weile am Fenster und sah in die Winterlandschaft hinaus; ihm war so wunderlich glücklich zu Mute, wie wenn ihm erst jetzt die Mutter wieder gehörte. Er hätte nur gern gewußt, wie es ihr ums Herz war! Schon einmal hatte er sich nach ihr umgewandt, sie sinnend angeschaut, aber nicht die Worte finden können zu einer Frage. Nun sah er sie wieder an.

"Willst du etwas?" fragte sie.

"Nein.—Ja doch. Ich möchte nur wissen, ob es dich nicht friert?"

"Nein; warum meinst du? Kommt es dir kalt vor?"

"Mir gar nicht. Der Onkel meinte nur, du könntest dich erkälten; aber gelt, es ist behaglich warm? Heute gefällt mir das Fahren so gut, dir auch, Mutter?"

Sie lächelte ihn freundlich an und schob die Reisetasche beiseite, die neben ihr lag. "Setze dich zu mir her, Gebhard."

Dieser folgte schnell der Aufforderung und sie rückten nahe zusammen.

"Gelt, das Jüngferlein ist ganz vergnügt bei der Tante?" sagte er.

"Ja freilich, das vermißt uns nicht."

"Das gefällt mir eben so besonders gut, daß ich dich einmal ganz für mich allein habe," erklärte er, "da können wir auch vom Vater sprechen, wenn wir wollen. Aber die Tante hat gesagt, ich soll dich nicht aufregen; also reden wir lieber von etwas anderem. Sie hat mir auch Eßvorrat mitgegeben in meine Büchse; wollen wir das einmal ansehen?"

"Ja, sagte die Mutter, schauen wir nach den guten Sachen, das wird mich ganz gewiß nicht aufregen." Sie lachte ihn freundlich an.

"Du siehst heute so aus, Mutter, wie früher, so nett." Aber das hätte er nicht sagen sollen; denn auf einmal kamen ein paar Tränen in ihre hellen Augen. Da packte er schnell die Büchse aus; und weil ihm dabei ein Apfel auf den Boden kollerte und während er sich darnach bückte eine ganze Anzahl Nüsse folgten, mußte sie lachen und er lachte mit und sie waren zum erstenmal fröhlich miteinander ohne den Vater.

Gegen das Ende der Reise, während Gebhard sich schon ungeduldig auf das Wiedersehen mit der Großmutter freute, wurde der jungen Frau das Herz wieder schwer. Sie hatte sich wohl auf ihres Bruders Zureden vorgenommen, nichts davon zu erzählen, daß sie ihren Mann überredet hatte, mit den Russen zu gehen, und so durfte sie ja sicher sein, bei ihrer Schwiegermutter nur Teilnahme zu finden und keinen Vorwurf zu hören. Aber eben dieses Verschweigen und vorsichtige Ausweichen lag nicht in ihrer Natur und deshalb bangte ihr vor dem Zusammentreffen mit der Mutter.

Helene wußte, daß sie nicht erwartet wurde; nur Gebhard mit seinem treuen Gefährten Leo war angekündigt. Als die Reisenden in die Bahnhofhalle einfuhren, fiel ihnen die Leere des Bahnsteigs auf. Er war für die Menge gesperrt, da in Kürze ein Lazarettzug mit einer großen Anzahl Verwundeter ankommen sollte. Eine ganze Reihe Sanitäter mit Tragbahren erwartete den nächsten Zug; aber mitten unter ihnen stand eine einzelne große Frau in langem Mantel mit warmem Pelzzeug; unter ihrem schwarzen Samthut sahen schlichte graue Haare hervor und forschende Augen blickten dem einfahrenden Zug entgegen. Dies war Frau Dr. Stegemann, die sich bei dem Kommandanten den Zutritt erbeten hatte, um ihren allein reisenden Enkelsohn abzuholen.

Gebhard erkannte die Großmutter sofort und eilte auf sie zu.

"Mein lieber, großer Bub!" rief sie, "ich bin froh, daß du zu mir gekommen bist. Und dein schöner Leo ist auch da! Nun komm nur gleich, wir müssen möglichst schnell den Bahnsteig verlassen."

"Aber die Mutter ist auch hier, ich bin nur

vorausgesprungen!"

"Die Mutter? Kommt sie doch mit?"

Ja, sie kam eben zu den beiden und sah deutlich, daß bei dem unerwarteten Wiedersehen das ernste Gesicht der Großmutter freudig aufleuchtete.

"So kommst du doch," sagte sie und streckte der jungen Frau die Hand entgegen, "dann ist ja alles schön und gut; wir gehören doch zusammen in dieser Zeit!"

Das empfand auch Helene in diesem Augenblick. Wie wenn sie ihrem Manne näher wäre, so war ihr zumute. Sie hatte gar nicht mehr gewußt, daß Mutter und Sohn ganz die gleichen, klaren, seelenvollen Augen und dieselbe tiefe Stimme hatten. Sie gingen miteinander hinaus auf den Bahnhofplatz. Dort war die Haltestelle der Elektrischen; das Mitnehmen von Hunden war aber nicht gestattet.

"Kann Leo nachspringen?" fragte die Großmutter.

"Er kann wohl," sagte Gebhard, "aber der Vater läßt ihn nie gern neben dem Wagen springen."

"Dann gehst du mit ihm zu Fuß; erinnerst du dich des Weges? Du hast ihn vor zwei Jahren gemacht."

"Nicht so recht," meinte Gebhard bedenklich.

"Wir sollten vielleicht eine Droschke nehmen und den Hund zu uns hereinlassen," schlug Helene vor.

"Bewahre. Ein großer Bub mit solch gutem Hund *sucht* sich eben seinen Weg. Merke auf, Gebhard. Du folgst den Schienen der Elektrischen immer zu bis an den Marktplatz. Dann fragst du. Weißt du Straße und Nummer?"

"Jawohl, Johannessteg 5."

Die beiden Frauen stiegen ein und Gebhard ging mit seinem treuen Begleiter zu Fuß. Helene wunderte sich über die Großmutter, die dem geliebten Enkel gleich Zumutungen machte. Ja, das war wieder die Strenge, die sie in Erinnerung hatte; nicht der gutmütige, weichherzige Ton, den sie von den Ihrigen daheim gewohnt war. Nun wußte sie wieder, warum ihr bange gewesen, und es überkam sie eine beklemmende Angst vor der Unterredung, die nicht ausbleiben konnte.

Frau Dr. Stegemann bewohnte den obersten Stock eines Hauses in der
Altstadt. Die schönen, bequemen Einrichtungen der Neuzeit fehlten dieser
Wohnung, hingegen war sie geräumig, hatte viele Zimmer, Kammern und
Gänge. Aus den altmodisch kleinen Fenstern blickte man hinweg über die
Dächer der gegenüberliegenden Häuser, über Gassen und Straßen hinaus ins
Weite, wo Gärten und Felder die Stadt begrenzten. Der letzte Sonnenstrahl fand noch seinen Weg in die hochgelegene Wohnung.

Außer einem Dienstmädchen hatte Frau Dr. Stegemann noch zwei junge
Hausgenossinnen, zwei Enkeltöchter, die hier in der größeren Stadt eine
Töchterschule besuchten. Von ihnen erzählte sie Helene, nachdem sie die
Elektrische verlassen und dem Haus zugingen, denn beide mochten nicht
auf der Straße von dem sprechen, was ihre Herzen am meisten bewegte.

Während sie im Haus angekommen Stockwerk um Stockwerk hinaufstiegen,
wunderte sich Helene über die Sechzigerin, die nichts von der
Anstrengung zu merken schien.

"Mutter, wie du steigen kannst!"

"Das macht die Gewohnheit."

"Aber ist dir's nicht lästig? Du dürftest dir's wohl auch leichter machen."

"Warum? Ich bleibe gern in der Übung. Solange ich gesund bin, schadet mir das Steigen nichts. Es wäre nichts als Bequemlichkeit, wenn ich es nicht mehr tun wollte."

Rüstig stieg sie voraus.

Oben angekommen wurden sie vom Dienstmädchen empfangen mit der Nachricht, daß ein fremdes Fräulein schon lange auf sie warte und sie sprechen möchte. Gleichzeitig kamen eilig und lebhaft die beiden Schwestern, Grete und Else, große Mädchen mit blonden Zöpfen und frischen, fröhlichen Gesichtern. Sie waren überrascht, statt des erwarteten kleinen Vetters ihre Tante Helene zu sehen, die sie nur nach dem Bild kannten. "Macht es der Tante behaglich, Kinder," sagte die Großmutter zu ihnen, "und du, Helene, laß dich nicht abschrecken, wenn es bei mir unruhig zugeht; das ist eben so in diesem Kriegsjahr. Es gibt so viele Mädchen, die im Ausland waren und jetzt stellenlos sind, die wenden sich an uns 'Freundinnen der jungen Mädchen'. Um so etwas wird es sich auch jetzt handeln."

Sie verließ das Zimmer. Helene war verwundert. Sie hatte sich das Leben der Großmutter still und abgeschlossen gedacht, merkte jetzt, daß diese noch mitten im Leben und Wirken stand und sah bald, daß auch die beiden Enkelinnen an allerlei Kriegshilfe teilnahmen und vom Geist der Großmutter beseelt waren.

Sie wandten sich jetzt lebhaft an die junge Tante, deren liebliche Erscheinung ihnen gar sehr gefiel, halfen ihr ablegen, plauderten zutraulich und kamen bald auf das zu sprechen, was sie erfüllte. "Dürfen wir dir unsere Vorratskammer zeigen? Wir haben einen ganzen Stoß Kinderwäsche genäht für die vertriebenen Ostpreußen und haben Handschuhe und Socken für die Soldaten gestrickt, magst du es ansehen?" Gerne folgte Helene den eifrigen Mädchen in ihre Stube und ließ sich an das altmodische Pfeilerschränkchen führen, in dem allerlei Arbeiten aufgestapelt waren. Mitten in dieser Betrachtung kam, von seinem Hund begleitet, Gebhard an. Er hatte sich nicht gern von seiner Mutter getrennt; denn er wußte, sie war nur ihm zuliebe hieher gekommen, auch hatte er so ein unbestimmtes Gefühl, daß ihr bangte vor dem Zusammensein mit der Großmutter. So war er im Galopp mit seinem Hund der Elektrischen gefolgt, hatte schnell den Weg zum Haus gesucht und trat nun angeregt vom raschen Lauf, mit frischen, roten Backen ins Zimmer.

Grete und Else waren gleich für diesen kleinen Vetter eingenommen und auch der Hund war ihnen anziehend. Sie hatten noch nie einen solchen als Hausgenossen gehabt, wollten mit ihm Bekanntschaft schließen, wichen ihm aber doch aus, als er sie beschnüffelte.

Es dauerte aber nicht lang, so streckte sich Leo behaglich mitten unter der Gesellschaft aus.

"Jetzt ist er schon heimisch," sagte Gebhard befriedigt, "er merkt, daß wir nicht bei Fremden sind; in einem fremden

Haus legt er sich nie von selbst nieder." Das gefiel den Bäschen und freute Gebhard. Wo er gern war und wo es Leo behagte, mußte sich doch auch sein Mütterlein heimisch fühlen.

Nach kurzer Zeit kam auch die Großmutter wieder. Sie hatte dem jungen Mädchen Bescheid gegeben, das in England Erzieherin gewesen war, in reichem Haus, bei einem einzigen Knaben; jetzt war ihr eine Stelle angeboten, in einfacher Familie bei vier Knaben. Den jüngsten sollte sie selbst ausfahren, das paßte ihr nicht.

"Ich habe ihr Mut gemacht," sagte Frau Dr. Stegemann, "im Krieg muß man froh sein, wenn man irgendwo unterschlupfen darf, und übrigens möchte ich jetzt lieber zehn Deutsche erziehen als einen Engländer. Und warum nicht den kleinen Buben ausfahren? Wir müssen ja froh sein, wenn es recht viele deutsche Buben gibt! Sie will es nun versuchen und mir am Sonntag berichten wie es geht. Aber nun kommt zum Tee!"

Sie führte die Schwiegertochter über den langen, dunkeln Gang. Helene dachte unwillkürlich an die hell erleuchteten Räume in ihres Bruders Haus.

"Überall merkt man den Krieg," sagte Frau Stegemann. "Das Petroleum wird bei euch auch knapp sein."

"Ich weiß nicht, es war nicht die Rede davon."

"Nicht? Es ist eine große Entbehrung für viele Leute. Manche Familien können abends ihr Zimmer gar nicht beleuchten. Für solche ersparen wir immer etwas von dem Petroleum, das auf uns kommt. Warum sollten wir auch nicht ein wenig im Dunkeln tappen? Unsere Soldaten müssen sich auf ganz anders schwierigen Wegen im

Finstern zurecht finden."

Gebhard horchte hoch auf bei diesen und ähnlichen Äußerungen der Großmutter. Während des einfachen Abendessens erklärten ihm die Schwestern, was kriegsmäßig sei und was nicht; was sich die Familie zugunsten des Vaterlandes versagte und wie sie beflissen war, sich von dem zu nähren, was reichlich vorhanden und in Gefahr war, zu verderben. Da nun Else und Grete sahen, wie neu ihm das alles war und daß er glühenden Eifer zeigte für alles Gemeinnützige, fragten sie, ob er mittun würde, wenn sie nächsten Sonntag mit der Rotkreuzbüchse durch die Straßen gingen, um Karten und Blumen zugunsten der Verwundeten anzubieten. Er hatte das schon manchmal gesehen, aber nie daran gedacht, daß man auch ihn irgendwie für solch vaterländische Tätigkeit brauchen könnte. Stolz war er, glücklich über diese neuen Aussichten. "Großmutter," rief Else, "das wird fein! Gebhard trägt die Büchse, wir die Blumen und wir sagen zu allen, die uns begegnen: 'Hier, unser Vetter, ist selbst ein Vertriebener, ein Flüchtling aus Ostpreußen!' Da gibt uns jedermann doppelt so gern!"

"Und den Hund nehmen wir auch mit," schlug Grete vor, "er sieht so polizeimäßig aus, mit ihm können wir uns in alle Winkel der Stadt wagen!"

Die drei verwandten Kinder verbanden sich nach kurzer Bekanntschaft und waren glücklich miteinander. Helene staunte, wie schnell Gebhard sich heimisch fühlte. Am reichbesetzten Tisch ihrer Geschwister hatte sie ihn nie so befriedigt gesehen, wie hier; das Wohlleben hatte ihm weniger behagt, als die einfachen Verhältnisse, die er von Hause aus gewöhnt war, und wie heimische Luft empfand er die vaterländische Gesinnung, die auch im Forsthaus der herrschende Geist gewesen war.

Sechstes Kapitel.

Die Teestunde war vorüber, endlich mußte auch der Augenblick kommen, auf den Helene sich gefürchtet hatte, die Aussprache über das, was im stillen Herzen beide Frauen mehr beschäftigte als all die Dinge, über die sie sich mit den Kindern unterhalten hatten.

"Ich möchte jetzt ungestört ein Stündchen mit Tante Helene sein," sagte Frau Dr. Stegemann zu den Schwestern. "Wer etwa kommt und nach mir fragt, soll warten oder später wiederkommen. Gebhard kann bei euch bleiben; komm, Helene, wir gehen in dein Zimmer."

Aber Helene griff unwillkürlich nach Gebhards Hand und hielt sie fest.
Die Großmutter sah die fast ängstliche Bewegung der jungen Frau.

"Du möchtest Gebhard mitnehmen?" fragte sie erstaunt.

"O ja, bitte. Wir haben das alles miteinander erlebt."

"So komm mit, Gebhard. Ich zeige dir gleich deine Schlafstätte." Vor der
Türe wartete der Hund, er schloß sich seinem kleinen Herrn an. Frau Dr.
Stegemann ging voran, führte ihre Gäste bis an das Ende eines langen
Ganges. "Hier ist das Gastzimmer, das wird für dich gerichtet, Helene;
wir wußten ja nicht, daß du kommst. Und hier gegenüber, ist deine
Kammer, Gebhard, sieh."

Sie traten in eine große, helle Kammer. Ein schlichtes

Feldbett stand darin. "Wie für einen richtigen Soldaten," sagte die Großmutter, "nur daß es ein Kopfkissen und ein Federbett hat. Das bekommen ja die Soldaten nicht, aber du bist ja auch noch keiner, sondern willst erst einer werden."

"Schlafen sie ganz ohne Federbetten, die Soldaten?" fragte Gebhard nachdenklich, "dann will ich's doch auch ohne versuchen."

"Willst du? Das ist recht! Weißt du, Federn sind so etwas weiches, warmes, je weniger ein Bub davon wissen will, um so besser."

"Also weg damit!" rief der kleine Mann, "Großmutter, wohin?"

Er packte das Federbett. Aber Helene legte die Hand darauf. "O, bitte, Mutter," sagte sie, "es ist doch zu kalt für das Kind, er ist es nicht gewöhnt."

"So lassen wir das Bett hier. Du kannst es Nachts damit halten wie du willst. Und sieh, da habe ich Platz gemacht für deine Kleider." Sie schloß einen großen, altertümlichen Kleiderschrank auf. "Hier herein kannst du deine Kleider hängen."

"Ich will ihm helfen, sie einzuräumen," sagte Helene. Ihr war jeder Vorwand erwünscht, die Aussprache weiter hinaus zu schieben. Während sie nun an den geöffneten Schrank trat, erhob sich Leo, der sich schon neben Gebhards Bett gelegt hatte, folgte ihr, wurde unruhig, schob seine Nase in den Schrank und fing an, zu winseln. Sie bemerkten alle das wunderliche Gebahren. "Was ist da hinten in dem Schrank, Großmutter," fragte Gebhard. Sie griff hinein. "Es sind nur Kleidungsstücke." Sie holte von den Haken, was da hing, ein Regenmantel, ein paar Sommerkleider; immer aufgeregter folgte der Hund ihren Bewegungen und jetzt, da sie wieder ein Kleidungsstück hervorzog, eine Herrnjuppe, jetzt sprang das Tier hoch und steckte seinen Kopf hinein. "Ach, das ist noch eine Juppe von deinem Vater, ist's möglich, daß er die erkennt?"

"Aber freilich, Großmutter, sieh nur, wie er schnüffelt, wie er sich freut und daran zerrt!" Ein Ruck—und der Hund hatte die Juppe auf den Boden gezogen. Er legte sich daneben, streckte die Vordertatzen in ganzer Länge darüber, wühlte mit Behagen den Kopf in das Kleidungsstück und nahm so fest Besitz davon, daß es nicht rätlich schien, es ihm wegzunehmen. Gebhard warf sich neben seinem Hund auf den Boden, streichelte ihn und redete mit ihm: "Wo ist denn der Herr, wo ist dein guter Herr? Leo, denkst du an den Herrn?" Das Tier wedelte.

Gerührt von der Treue des Hundes wandte sich Helene ab, ließ sich überwältigt von Sehnsucht und Schmerz auf dem Feldbett nieder und weinte bitterlich. Frau Dr. Stegemann setzte sich neben die junge, von Schluchzen erschütterte Frau und redete ihr in einem weichen, mütterlichen Ton zu, den Helene noch nie von ihr gehört hatte. Da schwand allmählich ihre Furcht und es überkam sie der Trieb, der Mutter ihres Mannes das ganze Leid anzuvertrauen. Sie raffte ihre Kraft zusammen. "Mutter," sagte sie, "es ist ja alles viel, viel schrecklicher, als du ahnst!"

"Wie so? Weißt du mehr, als was du mir geschrieben hast? Hast du
Nachricht von Rudolf? Schlechte Nachricht?"

"Nein, nein; kein Wort habe ich von ihm gehört seit jenem Tag. Aber es war anders als du denkst, ich kann es so schwer über die Lippen bringen!"

Frau Dr. Stegemann richtete sich stramm auf und der weiche Ton war nicht mehr in ihrer Stimme als sie, gefaßt auf die schlimmsten Mitteilungen, zur Schwiegertochter sprach: "Rede endlich, Helene. Wir dürfen nicht feig sein in dieser harten Zeit. Ich kann alles hören, auch das grausamste. Und du mußt jede Wahrheit aussprechen können. Sei doch auch tapfer, was hilft das Weinen?"

Bei diesen Worten stand Gebhard, der neben dem Hund gelegen, auf, trat rasch an Helenens Seite und streichelte ihre Hand. "Großmutter," rief er, "die Mutter kann nicht so tapfer sein wie du meinst, der Vater hat mir gesagt, sie ist nicht aus so hartem Holz geschnitzt wie wir Stegemanns. Man muß sie immer ganz zart behandeln!" Da schlang die junge Frau den Arm um ihren Verteidiger und sagte zu ihm: "Die Großmutter hat aber doch recht und ich will ja auch, daß sie alles erfährt. Gebhard, erzähle du es, du warst ja dabei und du mußt nicht immer so weinen, wie ich!"

"Ja," sagte Gebhard, "die Großmutter darf das wissen, sonst niemand auf der Welt!"

Der kleine Mann gab sich einen Ruck, daß er stramm da stand und fing an: "Großmutter, so war's: Zuerst kam ein deutscher Offizier mit fünf Soldaten und besprach etwas ganz im geheimen mit dem Vater. Einstweilen kochten die Soldaten auf unserm Herd und wir halfen ihnen. Dann sagte uns der Vater, er müsse sie begleiten, aber kein Mensch dürfte wissen wohin. Sie zogen bei Nacht miteinander fort. Am nächsten Tag kam der Vater allein zurück und sagte, wir müßten schnell fliehen, die Russen könnten bald kommen. Wir fingen gleich an, unsere Sachen auf die Wagen im Hof zu laden, aber mitten hinein kam ein ganzer Trupp Russen mit einem Offizier. Sie gingen die Treppe hinauf und ich ihnen nach. Im Wohnzimmer war der Vater, aber die Mutter mit dem Jüngferlein war nicht da. Der russische Offizier fragte, wohin die deutsche Patrouille gegangen sei, die heute Nacht im Forsthaus eingekehrt sei und die der Vater begleitet habe. Ich weiß nicht mehr genau, was der Vater zuerst sagte, aber als der Offizier verlangte, er solle mit ihm gehen und ihn denselben Weg führen, da sagte der Vater: "Nein, ich bin ein guter Deutscher und werde nicht zum Verräter." Aber der Offizier hat ihm gesagt: er könne doch nichts machen gegen so viele und er hat ihm versprochen, er dürfte gleich wieder heimkommen, und uns allen solle gar nichts geschehen; aber wenn er ihnen den Weg nicht zeige, müßten wir alle sterben. Der Vater hat aber nicht nachgegeben und es war schrecklich, wie zornig da der Offizier geworden ist, und weil ich auch gerufen habe, der Vater soll nichts verraten, haben mich die Soldaten ganz wütend gepackt und fest gehalten, da oben am Arm, wo es so weh tut, und ich habe vor lauter Zorn nur immer geschrien: "Vater, tu's nicht! Aber dann—" Gebhard stockte. Er sah die Mutter an. "Soll ich denn alles sagen, Mutter, alles?"

"Alles, Gebhard!"

"Dann hat die Mutter die Schlafzimmertüre aufgeriegelt und hat von ferne gerufen und gebeten, der Vater soll uns nichts geschehen lassen. Der Vater hat auf die Mutter hingeschaut und dann hat er nicht mehr 'nein' sagen können. Er ist mit ihnen gegangen und hat versprochen, sie zu führen. Sie sind dann fortgeritten und wir haben gedacht, der Vater käme am Abend wieder, der Offizier hat es ihm doch auf Ehrenwort versprochen. Das Ehrenwort muß doch ein Offizier auch im Krieg halten, nicht, Großmutter?"

Er bekam keine Antwort. Die Großmutter, die still mit verhaltenem Schmerz den Bericht angehört hatte, sah ins Weite, wie wenn ihre Augen den Sohn suchten, den sie verloren hatte. Helene griff nach ihren Händen und bat leise: "Mutter, verzeih mir und verachte mich nicht ganz. Ich weiß, du wärest heldenmütig gewesen und ich war feig, war in Todesangst; das hat er nicht mit ansehen können und mir zuliebe ist er zum Verräter geworden. Ich bin schuld, daß nun diese Schuld auf seinem Gewissen liegt. Darum habe ich mich nicht entschließen können, dir zu schreiben. Ich weiß ja, wie du mich verachten mußt, daß ich deinen edlen Sohn dazu gebracht habe."

"Du hast ihn *nicht* dazu gebracht, Helene, du irrst dich. Nichts auf der Welt hätte ihn dazu bringen können. Ich kenne ihn. Er hat das nicht getan!"

Heftig erregt erhob sie sich. Ihr Blick fiel auf Gebhard. "Schon als
Kind in deinem Alter hätte er das nicht getan, wie viel weniger als
Mann! Du hast das von deinem Vater geglaubt?"

"Ich habe es gehört, Großmutter, daß er 'ja' gesagt hat, und habe es selbst gesehen, daß er mit den Russen gegangen ist!"

"Ja. So hat er euch das Leben gerettet und die Bande fortgebracht vom Forsthof. Eine Kriegslist war das. Ja, er ist mit ihnen geritten, aber wohin? Dahin, wo die deutsche Patrouille nicht war! Gebhard, kennst du deinen Vater so wenig?"

Der Knabe senkte nicht den Blick vor dem strengen Ausdruck der Großmutter; ein glückliches Leuchten flog über sein Gesicht. "So ganz gewiß weißt du das, Großmutter? kann es gar nicht anders möglich sein?"

"Gebhard, wird es jemandem gelingen, deinen Leo, dies treue Tier, gegen *dich* zu hetzen? Wenn man ihn lockt, ihm droht? Schäme dich, zu denken, daß irgend etwas auf der

Welt deinen Vater vermocht hätte, die Deutschen an ihre Feinde zu verraten!"

Zaghaft warf Helene ein: "Mein Bruder sagt, wer einmal in den Händen der
Russen ist, der wird mürbe gemacht, wenn er noch so tapfer wäre!"

"Dein *Bruder* kann das sagen, er hat Rudolf kaum gekannt, aber du?" Nachdenklich sah sie auf Helene und dachte unwillkürlich an die Worte: "Aus anderem Holz geschnitzt." Wie biegsam war die junge Gestalt, wie weich die Züge und sanft der Blick! Nachsichtig sprach sie zu ihr. "Weil du selbst in jener Stunde schwach warst, hast du auch ihn für schwach gehalten und hast doppelt darunter gelitten. Aber jetzt glaube du mir und laß dich durch keine Einrede mehr irre machen. Dein Mann ist *kein* Verräter. Von den Treusten einer ist er. Glaube an ihn; ein Märtyrer kann er geworden sein, ein Verräter nicht!" Tief erregt wandte sie sich an Gebhard. "Gott gebe, daß du so wirst wie dein Vater! Einen besseren Wunsch weiß ich nicht für dich!"

Erschüttert verließ sie das Gemach, sie mußte jetzt für sich allein sein.

Ihr starker Glaube ging in dieser Stunde über in die Seele von Mutter und Kind; die schwerste Last war der jungen Frau vom Herzen genommen.

Es blieb die Trauer um den Helden, aber das war ein edler Schmerz, der ihr Herz erhob. "Gebhard," sagte sie, "wie waren wir so verblendet und wie wollen wir von jetzt an stolz sein auf den Vater!" Und die beiden waren fast glücklich zu nennen in diesem Augenblick. Aber die Mutter des Helden kämpfte jetzt in ihrem Zimmer allein mit der tiefen Bewegung, in die diese Unterredung sie versetzt hatte. Sie war überwältigt von dem Gedanken an das Leiden ihres Sohnes. Was mochten die Feinde ihm angetan haben in der Wut darüber, daß er ihnen nicht den rechten Weg wies? Das gräßlichste, das sie ersinnen konnten. O wie grausig waren die Bilder, die ihr vorschwebten! Hin und her ging sie in ihrem Zimmer und sprach halblaut mit ihrem Sohn, wie wenn er sie hören könnte: "Du mein guter, tapferer, treuer Sohn! So ganz allein. So weit fort von mir. Was haben sie dir getan? Wirst du noch immer gequält und gepeinigt? Oder bist du erlöst von allem Leid, selig aufgenommen als einer, der reinen Herzens ist und Gott schauen darf? O, die schreckliche Ungewißheit!"

An der Zimmertüre wurde geklopft, das Dienstmädchen rief: "Frau Doktor, die Schustersfrau aus dem Hinterhaus ist da und fragt nach Ihnen."

"Sie soll morgen kommen."

"Aber sie tut ganz verzweifelt. Sie hat schlechte Nachrichten."

"Ich habe auch schlechte und kann ihr keine guten verschaffen."

Das Mädchen wagte nichts mehr einzuwenden; aber dem fassungslosen jungen Weib, das auf Trost und Hilfe wartete, gab sie auf eigene Verantwortung den Bescheid: "Frau Doktor kommt gleich." Sie kannte ja ihre Frau; die konnte wohl einmal schroff und abweisend sein, aber schließlich half sie doch immer. Auch diesmal. Nach kurzer Zeit kam sie ruhig und gefaßt heraus; kaum war ihr noch anzumerken, wie sie mit sich gekämpft hatte, um wieder tapfer zu sein. Frau Siebel, die Schustersfrau, merkte jedenfalls nichts davon; sie war vollständig vom eigenen Leid hingenommen. Ihr lauter Jammer hatte auch Helene und die Kinder herbeigerufen. Schluchzend zeigte sie eine Postkarte, die besagte, daß ihr Mann schwer verwundet in der Pfalz liege und sich nach einem Besuch von ihr sehne. "Sicher ist er schon tot," rief die junge Frau und hörte gar nicht auf die ermutigenden Worte, mit denen ihr von allen Seiten zugesprochen wurde. Sie wußte ganz gewiß, ihr Mann war tot.

"Dann wollen Sie also nicht in das Lazarett reisen?" fragte Frau Dr.
Stegemann kurz.

"Ei doch," sagte Frau Siebel, "deshalb wollte ich ja Frau Doktor um Rat fragen, ich wäre so gern noch diese Nacht abgereist."

"So, nun sehen Sie, Sie glauben ja selbst, daß Ihr Mann noch lebt. Nun lassen Sie auch das Weinen, dazu haben Sie Zeit in der Bahn; jetzt müssen Sie für Ihr Kind sorgen, was machen Sie mit dem?"

"Das ist's ja eben, ohne mein Buberl kann ich nicht fort. Ich habe es die neun Monate nie aus der Hand gegeben. Ich vergehe vor Angst, wenn ich das Kind hier lasse!"

"So wollen Sie es mit auf die weite Reise nehmen?"

"Nein, nein, das wäre gar nicht auszuhalten, es zahnt und schreit so viel!"

"Dann müssen wir eben eine Unterkunft suchen für den Kleinen. Am besten in der Krippe."

"Mein Kind in die Krippe? Ach Gott, ich vergehe vor Heimweh nach dem
Kind!"

"Wenn Sie unter allen Umständen vergehen, kann ich Ihnen auch nicht helfen," entgegnete Frau Stegemann ungeduldig. "Entweder mitnehmen oder hier lassen—eines von beiden müssen Sie doch tun. Oder wissen Sie einen dritten Weg?"

"Ach nein—aber—"

"Nun also. Seien Sie recht dankbar, daß wir eine Krippe haben, in der man so einen kleinen Schreihals freundlich aufnimmt. Für heute nacht will ich das Kind nehmen und morgen in der Krippe nachfragen. Jedenfalls sorge ich für eine gute Unterkunft."

"Aber kann ich Ihnen denn das zumuten? Es ist doch gar zu viel!"

"Im Krieg hilft man zusammen. Ihr Mann ist ja auch für uns im Kugelregen gestanden! So sorgen wir auch für sein Kind. Haben Sie denn das Reisegeld?"

"Ich hoffe, daß es reicht!"

"Mit Hoffnungen kommen Sie am Schalter nicht aus. Ich will im Kursbuch nachsehen und Ihnen im Notfall etwas vorstrecken. Gehen Sie einstweilen und richten Sie alles!"

"Ach, ich bin ganz wirr im Kopf vor Schrecken!"

"Das paßt jetzt gar nicht. Im Gegenteil, Sie müssen Ihre Gedanken fest zusammennehmen, damit Sie nichts vergessen."

Die Frau eilte davon, Frau Dr. Stegemann ging in die Küche zum Mädchen. Das hatte die Verhandlung gehört. "Frau Doktor," sagte sie, "wenn ich nur hätte dazwischen reden dürfen. Das Kind ist nicht gut zu haben, die Frau ist so unvernünftig mit ihm, trägt es und kocht ihm bei Nacht, alle Leute im Hinterhaus sagen es. Frau Doktor, jetzt wird's doch zuviel für uns!"

"Zuviel? Liese, im Kriegsjahr gibt's kein 'zuviel' für mich, und für Sie hoffentlich auch nicht!"

"Aber seine Nachtruhe kann man doch wenigstens verlangen."

"Meinen Sie? Fragen Sie doch Ihren Bräutigam, ob er sagen darf: 'Bei
Nacht wird mir das Schießen zuviel, da will ich meine Ruhe!'"

"Wenn man auch immer an den Krieg denkt! Das tun nur Sie, Frau Doktor!"

"Sie doch auch, Liese? Haben wir nicht miteinander zuerst das Backen abgestellt, und die Kübel für das Schweinefutter eingeführt, und nicht geruht, bis sie nach und nach in der ganzen Straße herauskamen? Ich möchte jetzt gar keinen Menschen um mich haben, der nicht immerfort fühlt: 'Jetzt ist Krieg, wie helfe ich?'"

Liese überlegte. "Dann will ich eben den kleinen Balg nehmen bei Nacht."

"Den nehme ich schon selbst, denn Sie müssen morgens früh heraus."

Aber weder die Frau noch die Magd bekamen den kleinen "Balg" ans Bett, denn, als Frau Siebel das schlafende Kind brachte, streckte Helene die Arme nach ihm aus, fand es reizend in seiner Unschuld und bat so herzlich es ihr zu überlassen, daß niemand ihr die Freude nehmen wollte. Getrost konnte Frau Siebel ihren Liebling verlassen.

In später Abendstunde setzten Mutter und Schwiegertochter sich noch ein wenig zusammen. "Mir ist es, wie wenn ich in eine andere Welt versetzt wäre," sagte Helene. "In deinem Haus weht ein ganz anderer Geist als bei uns. Ihr alle steht im Zeichen des Krieges. In meines Bruders Haus ist das nicht so, er ist von seinem Geschäft hingenommen; auch wußte er, daß ich nichts hören wollte vom Krieg. Ja, ich gestehe dir's, nicht einmal an den Siegen konnte ich mich freuen, weil ich immer dabei empfand: mein Mann gehört nicht zu den Helden, ich selbst habe ihn hinausgedrängt aus der tapferen Schar. Jetzt aber hast du diesen Druck von mir genommen; ich bin so glücklich und bitte dich: verachte mich nicht um meiner Feigheit willen. Vielleicht kann ich auch noch tapfer werden; meinst du nicht?"

Liebevoll zog die Mutter sie an sich.

"Wer weiß," sagte sie, "ob ich als junge Frau die Probe bestanden hätte, angesichts der rohen Männer, die mit ihren Scheußlichkeiten die Frauen bedrohen. Niemand soll da über andere urteilen. Du wirst noch viel Gelegenheit haben, dich in Tapferkeit zu üben, und ich auch. Wie lange werden wir in Unsicherheit bleiben müssen über das Schicksal unseres Helden. Und wenn eine Nachricht kommt, dann lautet sie vielleicht so grauenvoll, daß wir allen Mut brauchen, um sie zu ertragen. Aber es wird uns leichter werden, weil wir uns jetzt zusammen gefunden haben. Es ist gut, daß du gekommen bist!"

"Ich möchte in dieser Zeit viel lieber bei dir leben. Aber ich muß doch bei der Kleinen bleiben, und die macht so viel Arbeit mit der Wäsche und mit dem Ausfahren. Bei meinen Geschwistern mit den beiden Dienstmädchen geht das viel leichter als hier. Sie nehmen mir alle Arbeit ab; meine Schwägerin ist rührend besorgt und verwöhnt mich ganz."

"Ich bin nicht für solch rührend verwöhnende Liebe," war der Mutter Antwort. "Aber," fügte sie hinzu, "richte du dein Leben ein, wie du es für richtig hältst."

Helene wurde nachdenklich. Nach einer Weile sagte sie: "Für Gebhard ist es ja viel schöner hier. Meinen Geschwistern ist er fremd geblieben und er war auch gegen mich nicht mehr so zutraulich wie früher. Erst hier ist er wieder ganz mein lieber, prächtiger Bub. Mutter, laß ihn mir nicht fremd werden!"

Helene blieb bis über die Weihnachtsferien und führte selbst noch Gebhard in die Schule ein. Sie sah, wie er jetzt dem Lehrer und den Mitschülern frei und offen gegenübertrat, da er nichts mehr zu verheimlichen hatte, und daß dem Kind warme Teilnahme entgegengebracht wurde. Und als er am zweiten Tag in der Pause seinen Leo holte, um ihn den Kameraden vorzustellen, da wußte sie, daß er heimisch wurde unter diesen. Sie konnte ihn getrost verlassen. Sie selbst aber vermißte auf der Heimfahrt ihren kleinen Reisekameraden und es war ihr, als entfernte sie sich noch mehr von ihrem Mann, indem sie seinen Sohn und seine Mutter verließ. Aber daneben wurde doch die Sehnsucht nach dem Töchterlein immer lebhafter. Es schlief, als sie heim kam. Beim Erwachen sah es befremdet nach der Mutter; für das kleine Menschenkind war die Zeit lang genug gewesen, um sie zu vergessen; aber die Erinnerung erwachte bald wieder. Es war ein lieblicher Anblick, wie die junge Mutter mit Kosen und Schmeicheln das Fremdsein besiegte und endlich von ihrem kleinen Ebenbild durch strahlendes Lächeln und zärtliche Hingabe wieder anerkannt wurde. Die Geschwister hatten es mit angesehen. "Wie erfrischt du aussiehst!" sagte der Bruder, "du hast dich so schwer zu der Reise entschlossen, aber sie hat dir sichtlich gut getan."

"Ja, ja. Das Schwerste, was mich am meisten bedrückt hatte, das hat mir die Mutter abgenommen. Ich habe ihr alles, alles anvertraut und das war gut, denn es ist ganz anders, als wir uns gedacht hatten: Nur um die Russen vom Haus wegzubringen und um sie falsch zu führen, ist mein Mann mit ihnen gegangen. Er hat ihnen nichts verraten!"

"Woher habt ihr Nachricht bekommen? Erzähle doch!" riefen die
Geschwister.

"Nachricht haben wir nicht, aber die Mutter weiß es dennoch, so gewiß wie wenn sie Nachricht hätte. Sie kennt ihn und weiß, daß es ihm ganz unmöglich ist, die Deutschen zu verraten."

"Ach so!" sagte der Bruder gedehnt. Enttäuschung und Unglaube lag in seinem Ton. Aber Helene sprach eifrig weiter: "Und ich bin auch fest überzeugt, daß sie recht hat. Sie hat mir erzählt, wie er schon als Bub so tapfer und treu war, ähnlich wie ja auch Gebhard ist, durch und durch zuverlässig. Ich hätte es ja selbst wissen können, aber ich war wie verblendet, weil ich selbst feig gewesen bin und mir das so schwer auf dem Gewissen lag." Bruder und Schwägerin schwiegen.

Helene fühlte, sie waren nicht überzeugt. Was konnte sie noch sagen? "Wenn ihr nur selbst seine Mutter gehört hättet, und sie sehen könntet, wie sie so fest und wahr ist und wie sie und ihr ganzes Haus von dem erfüllt ist, was für den Krieg, fürs Vaterland geschehen muß. Ein ganz anderer Geist weht bei ihr als bei uns!"

"Bitte sehr," wehrte der Bruder, "bei uns geschieht alles was recht ist und noch nie ist einer aus unserer Familie wegen Verrat in Verdacht gekommen!"

"Ihr sollt auch von meinem Mann nichts Schlechtes mehr glauben, nein ihr dürft es gar nicht mehr für möglich halten, das kann ich nicht mehr ertragen!" Sie zitterte vor Erregung.

Die Schwägerin beruhigte sie: "Rege dich nicht auf, Helene, ich glaube dir ja, aber von deinem Bruder kannst du das nicht gleich verlangen; Männer geben nicht so viel darauf, wenn eine Mutter sagt: das kann mein Sohn nicht getan haben, denn keine Mutter will Schlechtes von ihrem Sohn glauben. Männer glauben erst, wenn Beweise vorliegen."

Beweise? Nein, *Beweise* für seine Unschuld hatte Helene nicht, nur den Glauben daran; den Glauben, der sie so glücklich gemacht hatte. O, nur fest daran halten und sich nicht irre machen lassen!

Sie sprachen nicht weiter darüber, denn keines wollte das andere reizen. Freundlich führte Herr Kurz seine Schwester an den reich besetzten Tisch. Aber was sie noch vor wenigen Tagen harmlos angenommen hatte, machte ihr jetzt Bedenken. Kriegsmäßig war das nicht, was hier aufgetischt wurde. Die Geschwister ließen sich nichts abgehen, dachten auch nicht weiter daran, welche Nahrungsmittel knapp waren im Land, welche verbraucht werden sollten. Doch wagte sie nicht, dem Bruder wieder das Haus Stegemann als Vorbild zu rühmen. So schwieg sie darüber. Aber während sie die üppige Mahlzeit mit ihnen teilte, bedrückte es sie, die Gastfreundschaft zu genießen von Menschen, die ihrem Mann Schlechtes zutrauten; sie konnte sich nicht wohl fühlen bei ihnen, trotz aller Liebe, die sie ihr erwiesen. In den Wochen, die nun kamen, kämpfte sie einen schweren Kampf gegen das Heimweh nach ihrem verlorenen Glück und gegen die Sehnsucht bei denen zu sein, die mit ihr durch die Liebe zu ihrem Manne verbunden waren. Sie klammerte sich an den Trost, den ihr die treuen Briefe der

Mutter brachten, und schrieb fast täglich an sie und an Gebhard. In seinen kindlichen Briefen suchte sie nach den seltenen Worten, die etwas von der Anhänglichkeit aussprachen, die ihr so kostbar war. So vergingen ihr die dunklen Wintermonate langsam und schwer.

Achtes Kapitel.

Unter dem offenen Tor des Schulhofes stand Gebhard mit einigen Kameraden. Auch Leo war dabei. Er war heute wie so manchesmal gekommen, seinen kleinen Herrn abzuholen. Es genügte, daß Frau Dr. Stegemann dem Tier die Türe öffnete und sagte: "Such den Herrn!" Er sprang dann in großen Sätzen der Schule zu, wartete am Hoftor, bis sich die Klassen entleerten, erkannte sofort die Klasse, zu welcher Gebhard gehörte, drängte sich zwischen den Schuljungen hindurch zu dem einen, dem er angehörte. Viele der Kameraden hatten ihren Spaß daran, einer beachtete den Hund noch ganz besonders; ein lebhafter Pfälzer war es. Er hatte einen Vetter, der Sanitätshundeführer gewesen, jetzt aber verwundet im Lazarett untergebracht war. Dem hatte er schon oft von Gebhards Hund gesprochen, und ebenso erzählte er Gebhard viel von den Leistungen des Hundeführers. So waren die beiden längst begierig, sich kennen zu lernen. Heute nun, als Gebhard aus dem Schulhof trat, stand da an der Mauer ein Feldgrauer, den Arm in der Binde. Ein ganz junger Soldat war es, sah stramm und gesund aus. "Das ist der Sanitätshundeführer," sagte der kleine Pfälzer und der Soldat begrüßte Gebhard freundlich: "Ich wollte mir nur einmal deinen Hund besehen," sagte er, "ich muß sagen, er gefällt mir wohl! Wie ein Pfeil ist er die Straße daher gesaust und dann regungslos am Tor stehen geblieben. Die Buben von der andern Klasse hat er gar nicht beachtet. Es ist ein gut gezogenes Tier. Ich gehe nämlich wieder als Hundeführer hinaus und da muß ich mich halt jetzt umsehen nach einem andern Hund, denn der meinige ist im Feld geblieben."

Gebhard sah den Soldaten, der immer prüfend auf den Hund blickte, mit großen Augen an. "Aber meinen gebe ich nicht her!"

Der Hundeführer wandte sich an seinen jungen Vetter. "Ich war der
Meinung, er sei zu verkaufen, du hast doch so etwas gesagt?" Der
Schlingel lachte.

"Bloß damit du einmal an die Schule kommst und den Hund anschaust, ob der wohl zum Sanitätshund gut wäre."

"Ja," sagte Gebhard, "dann ginge ich, wenn ich groß bin auch als Führer mit ihm in den Krieg."

Der Feldgraue lachte: "O Buben, was schwätzt ihr! Bis ihr groß seid, ist doch der Krieg längst aus und *so* aus, daß nicht gleich wieder jemand sich traut mit uns anzubinden. Und der Hund wäre auch bis dahin zu alt, jetzt wäre er gerade recht. Aber ich glaub's gern, daß du ihn nicht hergibst," sagte er freundlich zu Gebhard, dessen Hand streichelnd auf Leos Kopf ruhte. Dieser Ton ermutigte Gebhard zu Fragen, die ihn längst beschäftigt hatten.

"Ich kann mir gar nicht denken," sagte er, "wie ich meinen Hund lehren sollte, daß er Fremde aufsucht, Verwundete. Wie haben Sie denn das gemacht?"

"Das ist nicht so schnell gesagt und hat ja für dich auch

keinen Wert."

"Ich hätte es nur so gern gewußt."

Der kleine Vetter legte sich ins Mittel. "Du kannst es ihm doch sagen!"

"Wenn ihr einmal herauskommt auf das Gelände hinter dem Lazarett, kann ich's euch zeigen."

"Vielleicht gleich nächsten Mittwoch? Da haben wir frei," rief Gebhard.

"Nun also, Mittwoch, um 3 Uhr. Ausgemacht!"

Gebhard kam ganz im Glück über diesen Vorschlag nach Hause. Die Großmutter war gleich für den Plan zu haben. Aber am Mittwoch Nachmittag wirbelte Schnee und Regen durcheinander, es war zweifelhaft, ob der Verwundete bei diesem Unwetter ausgehen durfte. Mißmutig stand Gebhard am Fenster, schaute hinunter auf die Straße, ob es denn wirklich so schlimm aussähe. Nur wenige Menschen waren zu sehen, unter diesen aber ein Soldat, ein junger Feldgrauer, und der — Gebhard sah es mit zunehmender Erregung — der war kein anderer als der Hundeführer und kam geradewegs auf das Haus zu, drückte auch schon auf den Klingelknopf! Gebhard stürzte hinaus, öffnete und wurde ganz rot vor stolzer, freudiger Erregung, daß dieser Feldgraue zu ihm kam. Zwar wollte der nicht ins Zimmer hereinkommen, sondern bloß sagen, daß er bei dem schlechten Wetter die Übung leider nicht machen dürfe; aber er wurde bald mit warmen Worten von Frau Dr. Stegemann wie von den beiden Enkelinnen überredet, in das Wohnzimmer zu kommen und sich an den Kaffeetisch zu setzen. Einen Feldgrauen zu Gast zu haben, war immer eine Freude und so ein Sanitätshundeführer war noch ganz besonders willkommen. Die Hausfrau verstand es, den bescheidenen jungen Mann zum Sprechen zu bringen. Im September war es gewesen, da hatte er, der siebzehnjährige Freiwillige, zum erstenmal seinen Hund erproben können. "Das war im Gefecht bei Ch.," erzählte er, "die Unsrigen hatten einen harten Stand gegen die Übermacht; aber am Nachmittag mußte der Feind weichen. Unsere Kompagnie sammelte sich, die Sanitäter suchten die Verwundeten auf und die Kameraden trugen die Toten zusammen. Am Abend wurden alle Namen festgestellt; da hieß es: Es fehlen noch 5 Mann. Jetzt, wo sind die? Niemand konnte Auskunft geben. Auf dem Feld lag keiner mehr, aber vielleicht im Wald. Von dem Argonnerwald macht man sich aber bei uns keinen Begriff, der ist so dicht mit Unterholz und Gestrüpp verwachsen, daß man gar nicht vorwärts kommt; wenigstens ist's so in der Gegend, wo wir waren. Wenn sich da ein Mensch hinein verschlupft, sieht man ihn beim hellen Tag nicht, geschweige in der Nacht. Also fünf fehlen. Soll man die liegen lassen? Vielleicht verbluten sie sich oder holen sie sich den Tod auf dem nassen, kalten Waldboden. Ich war bei unserer Truppe der einzige, der einen Hund hatte. Jetzt, denke ich, muß der seine Kunst zeigen. Ich führe ihn in der Dunkelheit bis dicht an den Wald, dann mache ich ihn los vom Strick und geb ihm den Befehl: 'Such verwundet.' Der Hund saust gleich davon, in den Wald hinein. Eine Weile höre ich noch rascheln und knacken, dann wird's ganz still und ich steh da im Nebel und es rieselt eiskalt auf mich herunter und wird mir ganz unheimlich, so allein in der stockfinsteren Nacht. Mein elektrisches Lämpchen habe ich wohl in der Tasche, aber das spart man für die äußerste Not. Ich weiß nicht, wie lang das währte, mir kam's eine Ewigkeit vor, da höre ich in der Ferne so ein kurzes, wiederholtes Bellen und merke gleich: Mein Tell hat einen gefunden! Da ist mir's siedheiß vor Freude aufgestiegen, ich pfeife und laß mein Lämpchen in den Wald blitzen und jetzt knistert und kracht es wieder und mein Tell kommt mit einer Soldatenmütze im Maul. Schnell lege ich ihm die Leine an und rufe ihm zu: 'Führ mich!' Er zieht an und führt mich durchs Dickicht am Waldessaum eine ganze Strecke. Da bleibt er plötzlich stehen. Ich höre ein Stöhnen und sehe vor mir einen unserer Vermißten, ein Landwehrmann war's. Wie hat der Mensch sich gefreut und wie war er dankbar für einen Schluck aus meiner Feldflasche! Einen Schuß in den Oberschenkel hatte er, und so großen Blutverlust, er hat sich nicht rühren können vor Schwäche und Schmerzen. Ich habe ihm einen Notverband angelegt, habe ihn mit seinem Mantel gut zugedeckt und ihm versprochen, daß ihn die Träger holen würden. Allein hätte ich ja den Weg in der Nacht nicht zurückgefunden, es war mir selbst wie ein Wunder, daß mich mein Tell wieder herausgeleitet hat aus dem finstern Wald und bis zur Truppe. Dort waren gleich ein paar von unseren Leuten bereit, den Verwundeten mit der Bahre zu holen. Mein Tell hat uns wieder geführt und wir haben unsern Landwehrmann glücklich zum Verbandplatz gebracht. In derselben Nacht haben wir noch einen zweiten aufgespürt und errettet. Die andern fand Tell gegen Morgen; einer war aber schon verblutet. Hätten wir mehr Hunde mit Führern gehabt, wäre der vielleicht auch noch gerettet worden."

Der Soldat schien fertig mit seiner Erzählung; aber alle hätten gern noch mehr gehört.

"Bei welcher Gelegenheit sind Sie denn zu Ihrer Verwundung gekommen?" fragte Frau Dr. Stegemann.

"Ja, das war eben einmal, wo unsere Verwundeten ganz nahe am Feind lagen. Das ist immer das gefährlichste. Wenn es so steht, dann bindet man den Hunden den Fang zu, daß sie keinen Laut geben können; das haben sie zwar nicht gern. Mein Tell hat sich's anfangs gar nicht gefallen lassen; aber er hat es doch gelernt. Auch wie ich das letzte Mal mit ihm draußen war und mit den Trägern ganz nahe an den vordersten Schützengraben der Franzosen gekommen bin, hat er uns nicht verraten, sondern hat uns lautlos herangeführt; aber die Verwundeten haben gestöhnt und um Hilfe gerufen, wie sie uns bemerkten. Darauf ist die Schießerei bei den Franzosen losgegangen. Sie haben aber nur mich getroffen, so daß ich noch selbst habe zurückgehen und mit der linken Hand den Hund führen können; unsere Leute hätten sonst in der Nacht nicht zurückgefunden. So haben wir doch unsere Verwundeten noch gerettet, das hat mich riesig gefreut. Nachher bin ich ohnmächtig geworden; und wie ich im Lazarett aufgewacht bin, haben mir die Kameraden gleich zugerufen, ich bekäme das Eiserne Kreuz. Nun, ich will's später noch besser verdienen; sobald es nur angeht, ziehe ich wieder hinaus. Mein Tell wird jetzt von einem Kameraden geführt, und ich muß schauen, daß ich wieder einen Hund abrichte. Er muß halt folgen und klug sein, bissig darf er auch nicht sein und nicht mit andern Hunden raufen oder auf Wild jagen. Es gibt nicht viele solche und wer so ein Tier hat, der verkauft's nicht, gelt du?" Er wandte sich mit dieser Frage an Gebhard. Aber Grete und Else, die beiden lebhaften Mädchen, die nicht weniger eifrig als Gebhard dem Soldaten zugehört hatten, ließen ihn nicht zur Antwort kommen: "Ich würde meinen Hund gleich verkaufen!" rief Grete mit Begeisterung! Und Else: "Ich auch, recht teuer; um das Geld würde ich lauter Sockenwolle, Zigarren und Schokolade kaufen und Päckchen an die Soldaten schicken oder ich gäbe es für die Ostpreußen."

"Die Fräulein haben gut reden," sagte der Soldat, "die haben keinen Hund und wissen nicht, wie lieb man solch ein Tier hat. Ich hätte meinen Tell auch um viel Geld nicht hergegeben, ich kann's von einem andern auch nicht verlangen. Wo hast du denn deinen Leo?"

"Im Hof."

"Da hast du recht. Laß ihn nicht viel ins Zimmer, sonst wird er verweichlicht."

Der Soldat hatte sich neben dem Erzählen den Kaffee wacker schmecken lassen; Frau Dr. Stegemann nahm die leere Kanne, ging hinaus, zu sehen, ob draußen noch Vorrat wäre. Gebhard folgte ihr in die Küche. "Großmutter, gelt, ich muß meinen Leo nicht hergeben?"

"Niemand kann das von dir verlangen."

"Großmutter, gelt der Soldat hat recht, Grete und Else wissen nicht, wie gern ich meinen Leo habe, aber du weißt es doch, Großmutter!"

"Ich weiß es freilich, er ist dein liebster, treuster Kamerad! Und er ist dir auch ein Andenken an den Vater, ans Forsthaus, an die liebe, alte Heimat. Du würdest ihn alle Tage vermissen, weil dein Herz an ihm hängt."

"Ja, ja, gerade so ist's wie du dir's denkst, Großmutter. Leo könnte es auch gar nicht verstehen. Vorhin war's mir, als müßte ich ihn hergeben, weil man ihn im Krieg so nötig brauchen könnte, aber ich bin froh, daß du selbst sagst, ich soll ihn behalten."

"Das habe ich nicht gesagt, Gebhard, und kann es auch nicht sagen. Nur du selbst kannst wissen, ob du dein Liebstes fürs Vaterland hergeben mußt oder nicht!"

"Nein, Großmutter, sage mir, was du meinst."

"Ich meine, du gehst jetzt einmal hinunter zu deinem Leo

und ich trage den Kaffee in das Zimmer!"

"Ich will aber doch wissen, was du denkst!"

Die Großmutter überhörte den ärgerlichen Ausruf ihres Enkels und kehrte in das Zimmer zurück. Gebhard stand noch einen Augenblick voll Ärger und Unmut da, dann tat er doch, was die Großmutter gesagt; er ging hinunter in den Hof, an dessen Zaun der Hund sofort hoch sprang und freudig seinen kleinen Herrn begrüßte, der ihn diesmal mit stürmischer Zärtlichkeit umschlang und ihm einmal ums andere zurief: "Du wirst nicht verkauft, Leo, nein, nein! Wir zwei bleiben beisammen!"

Droben im Zimmer machte der bescheidene junge Gast Umstände, noch weiter dem Kaffee zuzusprechen und noch länger zu verweilen.

"Ich meine," sagte die Großmutter, "nach dem wochenlangen Lazarettleben dürfen Sie sich's wohl einmal wieder behaglich machen in einem Familienzimmer. Sagen wir: noch eine Tasse, eine Zigarre und eine Viertelstunde plaudern, und dann soll's genug sein. Wir gehen dann auch wieder an unsere Arbeit."

"Ja, so ist's fein," meinte der junge Mann, sah auf seine Taschenuhr und gab sich noch einmal dem seltenen Genuß hin, am behaglichen Familientisch zu sitzen und von seinem Elternhaus erzählen zu dürfen. Die Viertelstunde war fast verstrichen, da kam auch Gebhard wieder herauf und trat ins Zimmer, seinen Leo an einer kurzen Leine führend. Stramm ging er auf den Soldaten zu, hochgemut leuchteten seine Augen; er glich selbst schon einem Führer, der mit seinem Hund einen schweren Gang wagen will.

Der Soldat unterbrach seine Erzählung und wandte sich

dem Knaben zu. Der trat dicht heran und rief seinem Hund zu: "Leo leg dich still!" Das Tier legte sich gehorsam neben den fremden Mann. Nun reichte Gebhard dem Soldaten die Leine und sagte fest: "Ich schenke meinen Leo dem Vaterland." Er ließ die Leine los, sie lag nun in des Führers Hand. Der junge Soldat fand gar nicht gleich Worte, so überrascht war er, so bewegt, als er sah, wie Gebhard zu seiner Großmutter trat und zu ihr sagte: "Ich habe es *doch* tun müssen, Großmutter!"

Sie zog ihn an sich heran. "Es wird dich nicht reuen," sagte sie.

Aber der Feldgraue machte Einwände: "Ich kann das gar nicht annehmen von dem Kind, es tut ihm weh. Nein, das Opfer ist zu groß!"

"Ei was, wer wird darüber so viel Worte machen," wehrte Frau Stegemann und wandte sich an Gebhard: "So ein kleiner Bursche wie du hat nicht leicht das Glück, daß er dem Vaterland etwas wertvolles opfern kann, das darf wohl auch wehtun, sonst wäre es ja gar kein Opfer!"

"Es tut weh, Großmutter!"

"Ich glaube dir's wohl, mein lieber Bub!"

Sie sah, daß der kleine Mann sich mit aller Macht wehrte, die Tränen zurückzuhalten und kam ihm zu Hilfe, indem sie sich an den Soldaten wandte.

"Nun werden Sie erst erproben müssen, ob Leo wirklich brauchbar ist als Sanitätshund."

"Ja, aber ich zweifle nicht, es wird sich bald zeigen. Ein feines Tier ist das. Ich kann's gar nicht so aussprechen, wie dankbar ich dafür bin. Nach dem Krieg—wenn wir's erleben—bringe ich dir aber deinen Leo zurück, Gebhard, dann soll er wieder dir gehören." Das war eine schöne Hoffnung, Gebhard sah schon wieder fröhlich aus.

"Und schreiben will ich dir auch und dir berichten, wieviel er leistet."

"Ja, ob er solche Verwundete aufspürt, die sonst umgekommen wären."

"Gebhard sähe wohl gerne zu, wenn Sie den Hund abrichten. Könnten Sie das einrichten?" fragte die Großmutter.

"Aber natürlich, das wollen wir schon so machen. Ich kann ja an das Schulhaus kommen, dann verabreden wir es miteinander. Zuerst muß ich es im Lazarett melden, so lange bleibt dir dein Leo noch. Laß doch sehen, ob er sich nicht losreißt von mir, wenn du hinausgehst." Gebhard ging auf die Türe zu, der Hund erhob sich, zog an der Leine, wollte folgen.—"Leo, liegen bleiben!" rief ihm sein kleiner Herr zu, und verließ das Zimmer. Das Tier legte sich, aber es winselte leise. "Er ist doch sonst hie und da im Zimmer ohne Gebhard, da winselt er nie!" bemerkte Else.

"Er merkt, daß mir die Leine übergeben ist und das beunruhigt ihn, Sie werden gleich sehen!" Der Soldat ließ die Leine zu Boden gleiten, sofort war der Hund still. "Ein kluges Tier! Und so fein erzogen!"

"Mein Sohn versteht das, Gebhards Vater."

"Ist Ihr Herr Sohn auch im Feld?"

"Im Feld nicht, aber in russischen Händen. Was sie ihm getan haben und ob er noch lebt, das wissen wir nicht."

"Oh, ich habe keine Ahnung gehabt, daß Sie so eine Sorge haben," sagte der junge Mann und stand auf. "Da sitze ich und plaudere Ihnen vor, und nehme dem Kind noch seine größte Freude weg, das geht doch nicht."

"Es geht schon. Gebhard ist ein tapferer, kleiner Mann, nach seinem
Vater geraten. Es ist gut, sich schon in jungen Jahren an Opfer und
Entbehrungen zu gewöhnen, so wachsen Helden heran."

Der Soldat verabschiedete sich, Gebhard gab ihm noch ein Stück Weges das Geleite. Der Hund ging zwischen ihnen, die Leine wanderte unversehens von einer Hand in die andere. Soldaten gingen vorüber, grüßten den Kameraden mit dem Hund, sahen auch freundlich nach dem kleinen Burschen, denn der grüßte heute einen jeden. Er konnte gar nicht anders. Hatte er doch den Soldaten zu lieb seinen Leo geopfert, so sah er sie alle mit dem Gedanken an: Vielleicht rettet er euch einmal das Leben!

Neuntes Kapitel.

Wochen waren vergangen. Helene lag auf ihrem Ruhebett, das letzte Briefchen Gebhards in der Hand. Sie hatte sich allmählich daran gewöhnt, manche Stunde so liegend zu verträumen. Arbeit gab es nicht für sie in diesem Hause; für ihr Töchterchen war ein Kindermädchen gedungen worden; denn die Geschwister wünschten nicht, daß sie das Kind selbst ausfahre; an dem geselligen Verkehr ihrer Schwägerin mochte sie nicht teilnehmen, dazu war ihr Herz zu schwer. Heute war für sie ein besonders wehmütiger Tag, ihr Hochzeitstag jährte sich zum zweiten Mal. Und sie wußte nicht: war sie Witwe oder lebte der noch, der ihr ganzes Glück gewesen?

Nichts war ihr aus jener Zeit geblieben als das Kleine, das neben ihr lag und schlief. Sie schaute nach dem Kind, aber sie konnte es nicht mehr mit derselben Freude ansehen wie früher, sie bedauerte es. Ohne den Vater sollte es aufwachsen, mit einer Mutter, die nicht mehr frisch und fröhlich war wie einst. Sie kam sich selbst wie ein flügellahmer Vogel vor. Mutlos sank sie wieder auf ihr Ruhebett zurück. Eine Weile später trat leise das Kindermädchen ein, blickte nach der schlafenden Kleinen. "Ich will nicht stören," sagte das Mädchen, "wollte nur die Post bringen." Sie gab einen Brief ab und verließ das Zimmer.

Gleichgiltig öffnete Helene den Umschlag. Es war ihr alles so einerlei, nur wenn von seiner Mutter ein Brief kam, das freute sie, darin wehte immer etwas von seinem tapfern Geist. Aber dies schien von einer Mädchenhand geschrieben. Liegend las sie; es waren nur ein paar Worte, aber Worte, die sie auffahren ließen, ihr Herz klopfen machten, ihr schier unglaublich schienen, so daß sie ihren Augen nicht traute und einmal ums andere las, was da stand: "Ihr Mann lebt und grüßt Sie tausendmal!"

So lebhaft war Helene aufgesprungen, daß ihr Töchterchen davon erwachte.

"Mam-mam," klang es aus dem Korbwagen. "Mam-mam? Ja, und Pa-pa!
Jüngferlein, der Papa lebt und läßt uns tausendmal grüßen!"

Sie nahm das Kind heraus, drückte es jubelnd an sich und lachte so, daß das Kleine auf ihrem Arm ganz übermütig wurde. Aber nach dieser ersten überquellenden Freude kamen der jungen Frau allerlei Fragen.—Warum schrieb ihr

Mann nicht selbst? Konnte er nicht? War er so krank? Wenn man nur mehr wüßte! Aber es war doch eine Spur aufgefunden, die konnte man verfolgen. Das mußte sie mit seiner Mutter besprechen, zu der gehörte sie jetzt. Ein heißes Verlangen trieb sie zu ihr und zu Gebhard; wie würde der jubeln!

Sie eilte hinaus, um Bruder und Schwägerin den Brief zu zeigen und sich mit ihnen zu beraten. Die Geschwister konnten zwar nicht einsehen, daß Helene auf diese Nachricht hin unbedingt abreisen müsse, aber sie hatten beide den Eindruck, daß gegen diesen stürmischen Wunsch gar nichts zu machen sei. Sie war ja wie verwandelt, die vorher so matte, niedergeschlagene Frau. Man mußte sie gewähren lassen.

So folgte Helene dem Drang ihres Herzens und frug bei der Mutter an, ob sie zu ihr kommen dürfe mit dem Töchterchen und bei ihr bleiben, damit sie alle beisammen wären, wenn ihr Mann käme. Er lebte—also kam er, wer konnte wissen, wie bald!

Frau Dr. Stegemann antwortete sofort und hieß Helene mit dem Kind willkommen. In Eile wurden die Reisevorbereitungen getroffen.

Helene war beim Abschied bewegt. Wie gastfreundlich hatten die Geschwister sie aufgenommen. "Ihr wart so geduldig mit mir in dieser langen, trübseligen Zeit," sagte sie.

"Uns war es nicht zu lange," erwiderte der Bruder mit Herzlichkeit. "Du kannst jederzeit wiederkommen, du weißt, wir haben dich lieb!"

"Und ich euch, von Herzen. Aber mein Mann gehört auch

dazu. Wenn ich ihn erst wieder habe, müßt ihr ihn recht kennen lernen. Dann wird alles ganz schön!"

"Gott gebe es!"

Die Geschwister trennten sich, der Zug fuhr ab. Und kaum war Helene mit ihrem Töchterlein allein, so zog sie wieder ihren Brief aus der Tasche; denn sie konnte nicht oft genug die Worte lesen: "Ihr Mann lebt und grüßt Sie tausendmal!"

Helene hatte nichts mitgeteilt von der Botschaft, die sie erhalten hatte. Mündlich wollte sie der Mutter die Nachricht überbringen, wollte ihre und Gebhards Freude miterleben. Da sie nun mit einem früheren Zug, als man sie erwartet hatte, ankam, fand sie die Wohnung fast leer, nur das Mädchen empfing sie. So richtete sie sich ein in dem Gastzimmer, besorgte ihr Kindchen und wartete gespannt, wer zuerst heimkäme.

Immer wieder trat sie ans Fenster, sah endlich ein paar Schuljungen auf das Haus zukommen und erkannte unter ihnen Gebhard. Die Kameraden hatten sich viel zu sagen, konnten sich lange nicht trennen, sie hatten eben einer Übung des Sanitätshundes Leo beigewohnt und waren noch erfüllt davon. Die junge Frau konnte nicht länger warten, öffnete das Fenster und rief Gebhards Namen; der blickte auf, löste sich aus der Gruppe, rannte der Haustür zu und oben angekommen umschlang er die Mutter, die strahlend vor Freude vor ihm stand. Er hatte gar nicht mehr gewußt, daß sie so lieblich aussah, wie jetzt in ihrem Glück, und es überkam ihn so plötzlich die Erinnerung, wie Vater und Mutter beisammen gewesen, daß ihm Tränen in die Augen stiegen. Er begriff nicht, was ihn so bewegte und sagte hilflos: "Ich freue mich doch so, aber das ist immer so dumm, wenn man sich freuen will, dann kann man's nicht, ohne den Vater!"

"Doch Gebhard, jetzt können wir's wieder! Denn wir wissen jetzt, daß der
Vater lebt. Sieh nur, den Brief habe ich bekommen, darin steht: Der
Vater lebt und grüßt uns tausendmal!"

Kaum hatte Gebhard die Nachricht erfaßt, so erklang draußen ein wohlbekanntes Klingeln: "Das ist die Großmutter, darf ich's ihr sagen, Mutter?"

"Wir miteinander!"

Sie nahmen sich an der Hand, Gebhard lachte, wie die Mutter so
leichtfüßig mit ihm springen konnte. Sie kamen dem Mädchen noch zuvor.
Die Großmutter wurde von beiden Seiten umfangen und hörte nichts als:
Er lebt und grüßt uns tausendmal!

Auf diese freudige Erregung folgten Wochen des Wartens. Aber sie brachten für Helene nicht mehr verträumte Stunden auf dem Ruhebett; in diesem altmodischen Haus gab es überhaupt gar kein Ruhebett. Frau Dr. Stegemann kannte auch keine Mittagsruhe. Sie war der Meinung, daß es für gesunde Menschen genüge, bei Nacht zu ruhen und begriff nicht, daß junge Menschen so viele Stunden ihres Lebens ohne Arbeit oder Vergnügen, in bloßem Nichtstun zubringen mochten. Helene fand sich schnell in diese Auffassung und kam durch Arbeit hinweg über die Enttäuschung, daß der ersten Nachricht keine zweite folgte und alle Nachforschungen fruchtlos blieben. Sie besorgte ihr Kindchen selbst und war bald auch in allerlei Arbeit für andere mit hineingezogen. Zuerst durch die junge Schustersfrau, die inzwischen Witwe geworden war. Ihr mußte man helfen Verdienst zu suchen, und dabei hörte man von anderen, die in ähnliche Not geraten waren.

Da gab es für Helene viele Gänge zu machen, aufzumuntern und Hilfe zu schaffen. Ihre beiden jungen Nichten, Else und Grete, waren eifrige Woll- und Metallsammlerinnen fürs Vaterland, hatten auch Gebhard mit hereingezogen und so gab es in der ganzen Familie kaum eine Tätigkeit, selten ein Gespräch, das nicht mit dem Krieg zusammenhing.

Über all dem verstrich rasch die Wartezeit und ging der kalte Vorfrühling über in einen Mai, so wonnig, daß all die Krieger im Feld und ihre Treuen daheim aufatmeten nach dem schweren Winter. Und einer dieser wonnigen Maitage löste auch das geheimnisvolle Dunkel, das bisher über dem Schicksal des Försters gewaltet hatte.

Helene war mit ihrem Töchterchen und den großen Kindern den Nachmittag im Wald gewesen, nun kamen sie zurück mit großen Sträußen von Waldblumen und jungem Grün; ein ganzer Frühlingseinzug war es, als all diese Jugend heimkehrte und fröhlich die Großmutter begrüßte. Die mußte sich gleichzeitig von jedem erzählen lassen, wie schön es im Wald gewesen, mußte die Sträuße in Empfang nehmen, die für sie gepflückt waren, und konnte sich in all der Kinderunruhe kaum Gehör verschaffen. Aber als Helene mit den Kindern in die große Wohnstube ging, da folgte ihnen die Großmutter nicht, sondern bemerkte nebenbei zur Schwiegertochter: "Wenn du die Kleine besorgt hast, so komm zu mir herüber. Ich habe dir etwas zu sagen." Helene sah die Mutter an und ein einziger Blick verriet ihr, daß sie eine tiefe Bewegung beherrschte. Sie wußte: eine Nachricht war gekommen!

"Else, Grete," bat sie, "tut ihr mir's zuliebe, die Kleine auszuziehen, Gebhard hilfst du?" Und ehe noch Antwort gekommen, setzte sie das Kind, das sie auf dem Arm gehabt, mitten unter die drei Großen auf den Boden und folgte der Mutter. "Ist ein Brief gekommen? Von ihm? An mich?"

"An mich, aber deswegen nicht weniger an dich. Komm, setze dich zu mir.
Und sei tapfer, Helene!" Bei diesem Wort wurde die junge Frau blaß.
"Sind es keine guten Nachrichten?"

"Wie kannst du *gute* Nachrichten erwarten? Nicht wahr, wir haben uns längst gesagt, daß wir aufs Schlimmste gefaßt sein müssen. Aber er lebt doch und wird wiederkommen!"

Sie nahm den Brief zur Hand. "Er ist von einer Pflegeschwester geschrieben, aus einem Berliner Lazarett, Rudolf hat ihn diktiert. Ich will dir ihn vorlesen." Sie las mit fester Stimme:

"Liebe Mutter, wie ein Traum ist mir's noch, daß ich dir einen Brief schicken kann, wie ein Wunder, daß ich wieder im deutschen Vaterland bin. Noch vor kurzem hatte ich keine Hoffnung, je aus dem Feindesland herauszukommen. Fremde Menschen haben sich meiner angenommen, mich mit eigener Lebensgefahr über die Grenze gebracht. Aber bald, bald werde ich dir das alles mündlich erzählen, nur auf eines soll dich dieser Brief vorbereiten, ehe du mich wiedersiehst. Deine starke Seele wird es ertragen, wenn ich dir sage, was mir geschehen ist. Die Russen haben grausame Rache an mir verübt, als ich ihnen die Stellung der Deutschen nicht verraten wollte. Mutter, sie haben mir das Augenlicht genommen. Ich bin blind. Und nicht nur das, ich bin auch, das weiß ich, ein grauenvoller Anblick, und dies quält mich vor allem bei dem Gedanken an meine junge, weiche, fein empfindende Frau, die so etwas nicht ertragen kann." Das Vorlesen wurde unterbrochen durch einen schmerzlichen Aufschrei: "O Mutter, wie grausig!" Laut schluchzend drückte Helene beide Hände vor das Gesicht, wie wenn sie verdecken wollte, was sie im Geist vor sich sah. Sie weinte bitterlich, es war nicht möglich, weiter vorzulesen. Mitleidig sah die Mutter auf die Trostlose. "Fasse dich, Helene; nicht wahr, wir wußten schon lange, daß er in den Händen grausamer Feinde war, und hatten uns auf das Schlimmste vorbereitet."

"Ich nicht, Mutter, ich habe mir solch schreckliche Gedanken immer fern gehalten."

Das konnte Frau Stegemann nicht begreifen. In ihrer Natur lag es, fest ins Auge zu fassen, was kommen mußte. "Helene," sagte sie vorwurfsvoll, "du wolltest doch tapfer sein!"

"Verzeih! Ich kann nicht, es ist zu schrecklich!" Vor der Türe ließ sich eine Stimme hören.

"Großmutter, darf ich kommen?" und Gebhard trat ein; er sah sein Mütterlein aufgelöst in Tränen, daneben die Großmutter mit dem strengen Ausdruck, den er kannte. Ihm war er vertraut, aber die Mutter fürchtete ihn, das wußte er. Und als er sie so im Jammer sah, erregte es ihn, er vergaß sich und rief mit zornigem Ausdruck, während ihm die Röte ins Gesicht stieg: "Großmutter, so darf man nicht mit der Mutter reden, daß sie so weinen muß, das leidet der Vater nicht!"

Die Großmutter, die ihm sonst nie solch ungebärdiges Auftreten hingehen ließ, übersah es diesmal; denn sein ritterliches Eintreten für die Mutter gefiel ihr.

"Ich habe deine Mutter nicht traurig gemacht," sagte sie, "sondern dieser Brief, obgleich darin steht, daß der Vater bald kommt. Nun sieh nur zu, wie du sie tröstest. Du kannst mit ihr den Brief fertig lesen!" Sie gab das Blatt in seine Hand und verließ die beiden. Gebhard stand ratlos mit dem Brief, denn eine fremde Handschrift war ihm noch eine schwere Aufgabe.

"Vorlesen kann ich nicht," sagte er, "und trösten auch nicht."

Da raffte sich Helene zusammen: "Nein, mein armer, lieber

Bub, du sollst mich nicht trösten, du tust mir ja selbst so leid. Ich will dir sagen, warum ich weine: Sieh, der Vater, dein herzlieber Vater, ist blind; seine lieben, schönen Augen sind ihm zerstört worden aus Rache, weil er die Deutschen nicht an die Russen verraten wollte." Sie zog ihn an sich, wie entsetzlich mußte ihm, der so treu an seinem Vater hing, diese Nachricht sein! Aber es kam anders als sie dachte. Nicht Tränen kamen ihm in die Augen, stolz leuchteten sie und fast frohlockend klang es: "Jetzt müssen es alle glauben, daß der Vater kein Verräter ist, alle, auch Onkel und Tante! Mutter, schreibst du es ihnen gleich, heute noch?"

"Ja, ja. Jetzt haben sie den Beweis, den sie wollten! Einen so schrecklichen Beweis!" Ihr graute wieder. Aber Gebhard, dieses Kind, das in Monaten des Krieges unter den Kameraden von viel Schrecklichem gehört und im Lazarett allerlei Schwerverwundete gesehen hatte, konnte nicht mehr so den Schauer empfinden. "Mutter," sagte er, "droben im Lazarett ist ein Soldat, dem hat eine Granate beide Augen weggerissen. Aber der hat schon oft mit dem Hundeführer und mir geplaudert und war ganz vergnügt!"

"Wie sieht er aus, Gebhard?" ganz ängstlich klang die Frage.

"Ich weiß nicht, ich habe ihn nicht so genau angeschaut."

"Hat er nicht furchtbare Schmerzen?"

"Nein, er hat sich nie beklagt und ich glaube, es wird auch dem Vater nicht mehr wehtun."

"Vielleicht steht darüber noch etwas in dem Brief," sie griff darnach, denn der kleine Mann hatte sie doch getröstet, sie war wieder gefaßt und las vor. Von Schmerzen stand nichts darin. Zuversichtlich klang es: "Bald darf ich reisen; zunächst komme ich noch nicht zu dir ins Haus, sondern mit anderen Verwundeten in ein Lazarett; dort wirst du, meine tapfere Mutter, mich besuchen. Ich weiß nicht, ob meine Lieben bei dir sind, und überlasse es dir, ob du Helene die ganze traurige Wahrheit mitteilen willst. Geh schonend um mit ihrem weichen Herzen; es ist mir schwer an ihren Jammer zu denken. Aber *eine* Mitteilung weiß ich doch, die Euch freuen wird, Gebhard vor allem: Es wurde mir, der ich nicht kämpfen durfte fürs Vaterland, das Eiserne Kreuz verliehen für die *eine* Stunde, in der ich meine Treue beweisen konnte, als ich die Feinde seitab von der Spur führte, die sie suchten, und ihre Rache auf mich nahm. Erst kürzlich ist der ganze Sachverhalt zur Kenntnis der Heeresleitung gekommen."

Das Eiserne Kreuz! Wie leuchteten Gebhards Augen und welcher Glanz kam über das Gesicht der jungen Frau! Sie atmete tief auf. Nie konnte jetzt mehr die alte Reue sie überfallen, nie durfte irgend jemand an seiner Ehre zweifeln. Als ein treuer, tapferer Held, der das Schwerste auf sich genommen hatte, stand ihr Mann vor Gott und der Welt, und ihre eigene Schwachheit hatte seiner Ehre nicht geschadet. Mächtig wuchs ihr Verlangen nach ihm, wie wollte sie ihn lieben und pflegen und glücklich mit ihm sein!

"Wie heißt es in dem Brief? *Bald darf ich reisen.* Was heißt bald? Komm, wir müssen die Großmutter fragen; und an meinen Bruder muß ich schreiben, gleich jetzt, komm Gebhard, komm!"

Hand in Hand, in einer gleichen, großen Freude eilten sie hinaus, die
Großmutter aufzusuchen. Im Wohnzimmer war sie nicht zu finden, nur die
Kleine saß da, im niedrigen Kinderstühlchen; neben ihr Grete, die ihr
das Abendsüppchen gab. Im Augenblick kniete Helene

neben dem Kind.

"Gebhard, wir müssen es dem Jüngferlein auch sagen, daß der Vater kommt.
Hörst du, Jüngferlein? Sag: Papa!"

"Mam-ma!" rief die Kleine.

"Papa," wiederholte die Mutter, "Papa," bat Gebhard, "Papa" sagte Else vor. Verwundert, schaute das Kind von einem zum andern, spitzte endlich das Mäulchen, machte sichtlich eine große Anstrengung und rief—"Mama!" Da lachten alle zusammen.

Frau Dr. Stegemann war nebenan und hörte das Lachen; hell und fröhlich klang die Stimme der jungen Frau, die sie vor kurzem aufgelöst in Tränen verlassen hatte.

"O Jugend!" sagte die Großmutter vor sich hin; aber ihr ernstes Gesicht erheiterte sich. "Es ist gut so. Komm nur, mein armer Blinder, es gibt doch noch Herzensfreude für dich. Gottlob, dies Lachen hörst ja auch du, so gut wie wir, und viele innige Worte der Liebe wird dir deine Frau zuflüstern, die nur du hören wirst!"

Zehntes Kapitel.

An diesem Nachmittag, als Gebhard in das Lazarett ging, um den Soldaten abzuholen, der eine letzte Probe mit Leo, dem geschulten Sanitätshund, abhalten wollte, begleitete ihn Helene. Auf dem Weg vertraute sie Gebhard an, daß sie nicht nur wegen des Hundes mit ihm ginge. Nein, sie hatte vor, den Verwundeten zu besuchen, der durch Granatsplitter um seine Augen gekommen war. Es graute ihr vor seinem Anblick, aber sie wollte sich daran gewöhnen, ehe der Vater kam. So gingen sie miteinander vor die Stadt hinaus nach dem Lazarett und sie betrat es mit Bangen.

Gebhard führte die Mutter die Treppe hinauf. Oben trafen sie die Pflegeschwester. "Heute kommt meine Mutter mit," sagte Gebhard, und Helene brachte schüchtern und zaghaft den Wunsch vor, den Blinden zu sehen. "Da kommen Sie gerade noch rechtzeitig," antwortete die Schwester, "ehe er zum Unterricht geht, in die Anstalt gegenüber." Sie betraten einen kleinen Saal mit mehreren Betten, die meisten standen leer, denn die Verwundeten waren schon so weit hergestellt, daß sie sich im Garten aufhalten konnten; aber einer stand am weit geöffneten Fenster, durch das der Duft blühender Linden hereinströmte. "Das ist der Blinde," sagte Gebhard und führte ihm die Mutter zu. Helene blickte zu ihm auf. Nein, es war kein schlimmer Anblick: ein Band war um seine Stirne gebunden und an diesem waren zwei kleine Tüchlein befestigt, die die Augenhöhlen verdeckten. Sie gab dem Verwundeten die Hand. "Mein Mann hat auch beide Augen verloren," sagte sie mit tiefer Bewegung. Der Blinde hörte es ihrem Ton an. "Es ist freilich traurig," sagte er, "auch für die Frauen. Die meinige hat auch gejammert. Aber man muß es halt hinnehmen und auf Gott vertrauen. Wenn man erst eine Beschäftigung gelernt hat, wird einem die Zeit nicht mehr so lang. Ich habe jeden Nachmittag Unterricht."

"Darf ich manchmal vormittags zu Ihnen kommen und Ihnen etwas vorlesen?"

"Ja, das wäre mir wohl recht."

Ein Verwundeter, den Arm in der Binde, kam, er führte den blinden Kameraden zum Unterricht. Helene verabschiedete sich. Draußen sprach sie mit der Schwester. "Darf ich öfter kommen?" fragte sie, "ich möchte so gerne mehr von ihm hören," und zaghaft fügte sie hinzu: "Ich möchte ihn auch ohne die Binde sehen."

"Ja, kommen Sie nur, so oft Sie wollen. Die Binde trägt er bloß, wenn er über die Straße geht. Sie werden sich schnell an den Anblick gewöhnen—wir Schwestern und seine Kameraden denken gar nicht mehr daran, das ist nicht so schlimm!"

Erleichterten Herzens verließ Helene das Gebäude. Der Blinde, die Kameraden, die Schwester, sie alle waren so ruhig gewesen. Es war nicht so schwer, als sie sich eingebildet hatte, gewiß nicht. Gleich morgen wollte sie wiederkommen, denn wer konnte wissen, wann ihr eigener geliebter Blinder kommen würde? Jeden Tag konnte das sein und er sollte sie nicht mehr feig und schwach sehen, nein, wahrhaftig, er verdiente eine tapfere Frau, und das wollte sie ihm sein!

Im Hof unten wartete schon neben seinem neuen Herrn stehend Leo, der
Sanitätshund. Er trug heute zum erstenmal die feldgraue, mit dem roten
Kreuz geschmückte Decke. Mit freudigem Bellen sprang er auf Gebhard zu.

"Heute sollst du sein Meisterstück sehen, Gebhard," sagte der Hundeführer. "Morgen wird's aber auch ernst, wir reisen in aller Frühe ab, gleich an die Front!"

Drei Soldaten waren schon vorausgegangen mit dem Auftrag, sich auf einer kleinen Anhöhe in dem nahen Wald zu verstecken. Sie sollten die Verwundeten vorstellen, die aufzusuchen wären. Auf einem andern Weg folgte nun der Führer mit dem Hund. Ihm schlossen sich Helene und Gebhard an. "Im Kasernenhof haben wir schon ähnliche Übungen mit dem Hund gemacht," sagte der Führer, "aber im Wald noch nie. Ich bin aber sicher, er wird auch da seine Sache gut machen." Oben angekommen, ließ er den Hund von der Leine los und rief ihm aufmunternd zu: "Leo, such verwundet!"

Pflichteifrig raste der Hund im ersten Augenblick geradeaus. Dann schien er sich zu besinnen, schnüffelte da und dort, aufgeregt, immer die Nase auf dem Boden. Allmählich näherte er sich dem Wald.

"Am Waldrand ist ein Bach," sagte der Führer. "Der Steg ist weiter oben. Die Soldaten werden sicher nicht über den Steg gegangen sein, sondern durchs Wasser."

"Aber im Wasser verliert er die Spur!"

"Ja freilich, aber so ist's im Feld auch. Warte nur, sein Instinkt wird ihn schon treiben, die Spur auf dem andern Ufer zu suchen." Richtig, Leo verschwand plötzlich in der Tiefe, tauchte am andern Ufer des Baches wieder auf, schüttelte sich das Wasser vom Fell, suchte und verschwand im Wald. Sie gingen nun dem Bach entlang bis zum Steg und hinüber an den Waldessaum. Dort standen sie eine ganze Weile gespannt und lauschend. Plötzlich raschelte es im Laub und Leo tauchte auf.

"Er bringt eine Mütze!" rief Gebhard und rannte in hellem Vergnügen dem wackeren Tier entgegen, das in gestrecktem Lauf daher gesaust kam und die Soldatenmütze zu den Füßen seines Herrn ablegte. "Brav, Leo, brav," lobte der Führer und befestigte die Leine am Halsband. "Führe mich, Leo!" Der Hund zog an, ging voraus, die kleine Gesellschaft folgte in den Wald hinein, durch dick und dünn eine gute Strecke weit; dann gab der Hund Laut und blieb stehen. Möglichst im Unterholz versteckt lag ein Soldat ohne Mütze. Der Führer sprach ruhig und freundlich den

Soldaten an, während er sich den Anschein gab, ihm aufzuhelfen. "Der Hund muß merken, daß es gute Freunde sind, die wir aufsuchen," erklärte er, streichelte bald den Hund, bald den Soldaten und führte diesen am Arm mit sich fort.

Die Übung wurde wiederholt, der neue Sanitätshund bewährte sich glänzend, er fand alle Versteckten.

Im Abendschein kehrten die Soldaten in das Lazarett zurück, der Führer begleitete Mutter und Sohn noch bis in die Stadt. Dann kam der Abschied. "Reut dich's nicht?" fragte er und sah bedenklich nach dem kleinen Mann, der seinen Hund zum letztenmal streichelte. "Nein, es reut mich gar nicht. Ich glaube auch, daß Leo jetzt versteht, warum ich ihn hergebe. Er weiß, daß er Verwundete suchen muß. Gelt Leo?" Das Tier wedelte; es verstand jedenfalls so viel, daß von ihm die Rede war. Nun wandte sich Gebhard ab, gab dem Führer rasch die Hand und bat die Mutter: "Wir wollen jetzt doch lieber gehen."

Sie verstand ihn und machte den Abschied kurz: "Viel Glück!" rief sie.

"Viel Dank," antwortete der Feldgraue, "komm Leo!" So trennten sie sich.

Helene und Gebhard gingen Hand in Hand durch die Vorstadt. Die Straßen waren ihnen fast unbekannt und dennoch vertraut was da vor sich ging. In der Mitte der Straße bewegte sich, von zwei bewaffneten Soldaten begleitet, ein Trupp gefangener Franzosen. Sie zogen und schoben einen Wagen voll Brot hinauf nach dem Gefangenenlager. Niemand kümmerte sich viel um den gewohnten Anblick.—Ein paar Frauen kamen des Weges, jeder hing über dem Arm ein Pack grauer Kleidungsstücke;

man wußte: das sind Frauen, deren Männer im Krieg sind und die nun nähen für das Militär, um Geld zu verdienen für sich und die Kinder.—An einem Ladenfenster klebt ein Blatt Papier, die neuesten amtlichen Berichte. Eine kleine Gruppe steht davor, auch Helene und Gebhard bemühen sich, sie zu lesen, können aber nicht recht bei. "Nichts besonderes," sagt einer zum andern, "es handelt sich halt wieder um Arras und Ypern."—Zwei vorübergehende Frauen plaudern miteinander, man hört nur drei Worte, nur den gewichtigen Ausruf: "das Stück 14 Pfennig!" aber man weiß: von den Eiern reden sie.—Auch was die zwei älteren Damen meinen, die so besorgt aussehen, ergänzt sich ein Jeder, wenn er gleich nur hört: "Morgen sind's schon drei Wochen!" daß keine Nachricht vom Sohn mehr eingetroffen ist.—Ein paar muntere Mädchen eilen vorüber, die eine rühmt sich: "O wir haben im vorigen Monat *zehn* übrig behalten," Brotkarten natürlich.

Und plötzlich schauen alle, horchen alle—drei Schüsse? Ein Sieg? Da und dort fährt ein Fenster auf, Leute rufen auf die Straße: Was ist's denn? Und von irgend woher kommt die Antwort und pflanzt sich fort: "Przemysl ist gefallen!"

Eine Freude fliegt durch die ganze Stadt.

Unsere beiden, Mutter und Sohn, eilen, können kaum erwarten heim zu kommen; und wie sie das Haus erreichen, fangen gerade die Glocken an zu läuten, die Fahnen kommen heraus und hoch oben an der Großmutter Fenster erscheint neben der deutschen zum erstenmal auch die schwarz-gelbe österreichische; denn *eine* kann nimmer genügen, um die Siegesfreude auszusprechen in dieser einzig großen, schweren Zeit.

Monate lang hatte Helene mit all ihren Gedanken in der Vergangenheit gelebt. Immer wieder hatte sie zurückdenken müssen an den Tag, der ihr Glück vernichtet hatte. Jetzt aber, durch den Brief ihres Mannes tat sich wieder eine Zukunft vor ihr auf und all ihr Sinnen ging dahin, wie es werden sollte, wenn er zurückkäme. Seine Stelle konnte er ja nicht mehr ausfüllen, das Forsthaus war keine Heimat mehr für sie. Vor längerer Zeit schon hatte die Mutter eine Anfrage eingesandt, um zu erfahren, ob die Wohnungseinrichtung im Forsthaus unbeschädigt geblieben sei und geholt werden könnte. Heute war amtliche Mitteilung darüber eingetroffen. Sie besagte, daß infolge russischer Plünderung sämtliche Möbel und Hausgeräte zertrümmert seien, die Betten aufgeschnitten und besudelt, Bücher und Schriftliches verbrannt. Wahrscheinlich sei die zerstörte Wohnung später noch durch Diebsgesindel durchsucht worden, denn es sei nicht das Geringste mehr vorhanden.

Schmerzlich war diese Nachricht. Helene hatte als Braut eine reiche künstlerische Ausstattung in das Forsthaus gebracht —nun war die ganze schöne Einrichtung verloren. Und alles was Vater und Sohn besessen an geliebten Gegenständen, jedes Andenken an frühere Zeiten, die Spiele, die Gebhards Kinderglück ausgemacht hatten, alles war in die Hände roher Gesellen gefallen und vernichtet worden.

Helene war tief gebeugt über diese vollständige Verarmung. Noch vor kurzem hätte sie sich wenig darum bekümmert, aber eben jetzt, wo sie ihren Mann erwartete, schmerzte es sie bitter. Nichts war mehr da von ihrem Hausstand, sie konnte nicht, wie andere Frauen, den Heimkehrenden im eigenen Haus empfangen. Aber das wußte sie: die Mutter würde Raum schaffen für ihren geliebten Sohn; an seine Mutter hatte er sich ja gewandt, nicht an sie; das konnte sie begreifen: die Mutter verstand ihn doch am besten, sie allein hatte auch nie an seiner Ehre gezweifelt; zu ihr käme er gerne und man mußte dankbar sein, daß das möglich war.

So ging sie zur Mutter und fragte bescheiden: "Wie soll es werden, wenn Rudolf aus dem Lazarett kommt? Ich weiß, du wirst ihn mit Freuden aufnehmen, aber wenn ich mit den Kindern auch dabei bin, wird es dir dann nicht zu viel?"

"Freilich wird es mir zu viel," war die Antwort.

"Wie meinst du das, Mutter?" fragte Helene erschrocken.
—"Ich meine zu viel für mich, weil zu wenig bleibt für dich. Ich habe schon viel darüber nachgedacht und möchte gerne herausbringen, daß Ihr eine kleine, einfache Wohnung für Euch allein nehmen und einrichten könnt. Aber das genügt Euch jungen Frauen nicht. Da soll immer alles zusammenpassend und stilgemäß sein. Dazu reicht es aber nicht. Es müßte eine ganz bescheidene 3 Zimmer-Wohnung sein und auch alte Möbel dazu verwendet werden, das könnten wir mit vereinten Kräften schon bestreiten und dann wäret Ihr vier beisammen; so käme es mir am besten vor."

"Und mir!" rief die junge Frau, und in aufwallendem Glück umarmte sie die Mutter und rief in übermütiger Freude: "Ohne jeglichen Stil soll unser Heim werden, das verspreche ich dir, Mutter, so unkünstlerisch als du nur willst. Ein urgemütliches Nestchen wird's dennoch! O Mutter, gehen wir gleich Wohnungen ansehen?" Die Mutter sah glücklich auf die strahlende Freude, die der jungen Frau aus den Augen leuchtete. Und sie dachte an ihren Sohn. Der beste Schatz war ihm doch geblieben.

In den nächsten Tagen kamen noch von zwei Seiten Briefe, die auf diesen Zukunftsplan Einfluß hatten. Der erste war von Helenens Bruder. Er sprach herzliche Teilnahme aus über das Schicksal des Erblindeten; aber auch Stolz und

Freude über das Eiserne Kreuz, das der ganzen Familie zur Ehre gereiche. Er bat die Schwester, mithelfen zu dürfen bei der Gründung eines neuen Heims.

Der zweite Brief enthielt ein amtliches Schreiben und besagte, daß dank der großen Summen, die aus ganz Deutschland für die vertriebenen Ostpreußen eingegangen seien, eine Entschädigung für den verlorenen Besitz bewilligt werden könnte, sobald der Antrag gestellt würde.

Zu Tränen gerührt war Helene über diese freiwillige Hilfe von allen Seiten. Jetzt hatte es keine Not mehr, sie konnte sich alles wieder so schön und reichlich anschaffen, wie einst als Braut.

Aber es ging ihr sonderbar: der Gedanke, hinzugehen, einzukaufen und sich nur zu fragen: Herz, was begehrst du? freute sie nicht mehr. In der Kriegszeit, wo so viel bittere Not herrschte, sollte sie sich alle Wünsche befriedigen? Sie war so fröhlich und eifrig gewesen bei dem Gedanken, alles so schlicht und bescheiden wie möglich einzurichten. Eine Weile sann sie nach, dann kam sie zur Mutter. "Du hast doch ausgerechnet, daß wir reichen, wenn wir uns sparsam einrichten. Dann möchte ich lieber nichts annehmen von der Summe, die für die Vertriebenen bestimmt ist. Es geht sonst an ärmeren ab. Ich meine, Rudolf wird es auch so auffassen. Was denkst du, Mutter?"

"Ich denke, daß du das Herz am rechten Fleck hast," war die Antwort. Dieses gute Wort versetzte Helene in eine gehobene Stimmung, die ihr auch blieb, während sie die bescheidene Wohnung wählte und mit schlichten Möbeln ausstattete. Ein fröhliches Vorbereiten, ein bräutliches

Erwarten erfüllte sie in diesen Tagen.

Elftes Kapitel.

An seinen Schulheften saß Gebhard und seufzte. Ihm wurde das Warten auf den Vater unerträglich lang. Die Mutter hatte es gut—ihre Tage waren ganz ausgefüllt durch Vorbereitungen auf des Vaters Kommen; sie richtete die Wohnung für ihn; sie ging um seinetwillen fast täglich ins Lazarett zu den Augenleidenden und Blinden und half bei ihrer Pflege.

Und die Großmutter war von früh bis spät in allerlei Kriegshilfe tätig; viele arme Frauen kamen zu ihr und sie verschaffte ihnen Arbeit, selten hatte sie ein wenig Muße für ihren Enkel. Else und Grete waren in allen Freistunden unterwegs, sie sammelten fürs Vaterland das Gold ein, von dem noch viel bei ängstlichen und bei gedankenlosen Menschen steckte. Das Schwesterchen spielte freilich gern mit dem Bruder, aber mehr als "Kuckuck" ließ sich noch nicht mit ihr machen. Der bessere Spielkamerad war doch Leo gewesen und der fehlte jetzt.

Einmal, als die Mutter vom Lazarett heimkam, klagte er ihr: "Es dauert so lang, so furchtbar lang, bis der Vater kommt!" Sie tröstete ihn. "Jetzt wird er sicherlich bald kommen. Warte nur ein Weilchen, dann wird es um so schöner bei uns." Vom nächsten Ausgang brachte sie ihm ein Buch mit, daß ihm die Zeit rascher vergehe über dem Lesen.

Aber das Buch war bald zu Ende. Er kam zur Großmutter. "Wann kommt denn endlich der Vater, ich kann es nicht mehr erwarten!"

"So, du kannst nicht warten? Wir daheim und unsere Soldaten draußen müssen doch alle warten!"

"Ja, aber es ist keine schöne Zeit, wenn man so wartet, Großmutter."

"Willst du denn eine schöne Zeit haben im Krieg, während so viele leiden? Sei froh, daß du auch etwas leiden darfst, wenn es auch nur eine schwere Geduldsprobe ist. Es kann noch lange dauern, bis der Vater kommt; ich will sehen, ob du die Probe bestehst, ob du geduldig ausharrst."

So ernst nahm es die Großmutter? Ja, wenn das eine schwere Probe war, wie sie die Soldaten zu bestehen haben, dann wollte er sie schon auf sich nehmen, das sollte die Großmutter sehen. Er nahm sich zusammen und ward wieder guten Mutes. Die Schule, die Kameradschaft waren ihm dabei die beste Hilfe. Es war ihm wohl in seiner Klasse. "Sie sind alle nett gegen mich," erzählte er daheim, "und das kommt, weil sie meinen Leo gern gehabt haben und weil sie vom Vater wissen." Er hatte recht. Durch den treuen Hund und durch das Schicksal des Vaters war die Aufmerksamkeit auf ihn gelenkt worden. Aber daß ihm alle Herzen zugetan waren, das kam von seiner eigenen, tapferen, treuen Art; die zog die andern an, ohne daß er's wußte.

Eines Morgens, als Gebhard in die Schule kam, zog ihn ein Kamerad beiseite, tat geheimnisvoll, wollte ihm etwas sagen, das er doch eigentlich verschweigen sollte. Endlich vertraute er, dessen Bruder Sanitäter war, Gebhard an, daß an diesem Vormittag ein Zug mit Verwundeten ankäme, er solle es eigentlich niemand sagen, damit nicht die neugierigen Menschen an die Bahn kämen. Sie würden alle in das Lazarett gebracht, außer einem, den müsse sein Bruder abholen und in die Augenklinik fahren, der habe beide Augen verloren. Ob das nicht Gebhards Vater sein könne?

"Freilich kann er's sein!" rief Gebhard fast erschrocken durch die plötzliche Hoffnung auf das Wiedersehen. "Um wieviel Uhr? Wann kommt der Zug?"

"Das weiß man nicht so genau und es hilft dir ja auch nichts, wir haben doch bis zwölf Uhr Schule. Aber es kann auch ein Uhr werden, bis der Zug kommt."

Ruhig auf der Schulbank sitzen und denken, daß vielleicht der Vater ankomme? das ging doch nicht? Aber es *mußte* gehen. Die Großmutter würde sagen: ausharren. Wie sonderbar, daß er da saß in dem großen Augenblick, auf den er so lange gewartet hatte! Aber vielleicht kam der Vater gar nicht. Wenn man es doch nur wüßte! Wie qualvoll dieses Stillehalten! — Es war eben Krieg, und darum war alles schwer, so furchtbar schwer!

Der Unterricht hatte begonnen. Jetzt kam der Lehrer in seine Nähe und richtete eine Frage an ihn. Gebhard stand langsam auf und atmete tief, wie wenn er eine Last mit in die Höhe zu heben hätte. Der Lehrer lachte. "Nun, ist das eine so schwere Frage? Du seufzst ja ordentlich!" Aus gepreßtem Herzen kam die Antwort: "Weil vielleicht gerade mein Vater ankommt und ich in der Schule bin!"

"Dein Vater kommt? Heute früh? Du hättest ihn gern begrüßt? Ja! Möchtest fort und fragst gar nicht? Ist's noch Zeit?"

Gebhard konnte kaum antworten vor Erregung.

"Närrischer Bub! So etwas erlaube ich doch! Spring davon!"

Jetzt kam Leben in den kleinen Mann. Er fuhr von seinem Platz auf, der
Türe zu.

"Deine Mütze!" riefen einige und lachten. Er wandte sich noch einmal, sie sahen jetzt alle sein strahlendes Gesicht. Die Mütze vom Nagel, auf und davon, dem Bahnhof zu.

Unterwegs schlug es neun Uhr, drei Stunden konnte er, wenn nötig, vor dem Bahnhof warten, ohne daß er daheim vermißt wurde. So lange wollte er ausharren, o leicht und gern!

Auf dem Bahnhofplatz war nicht wie sonst vor der Ankunft von Lazarettzügen ein Menschenauflauf. Auch fuhren keine Rotkreuzwagen vor. Ein einziger stand leer und verlassen vor der Halle. Wenn nur auch der Schulkamerad recht hatte. Vielleicht war es eine falsche Nachricht. Er sah sich um. Sein Blick fiel auf zwei Weiber, mit Körben am Arm, die da standen und sich unterhielten. Er redete sie an, ob wohl bald die Verwundeten ankämen. Die eine lachte: "Da bist du zu spät aufgestanden!" und da Gebhard nicht verstand, was sie meinte, erklärte die andere: "Die sind schon vor einer halben Stunde gekommen und alle schon heimgefahren, bis auf das eine Auto, das bleibt wohl leer. Man schickt immer lieber eins zu viel als zu wenig." Die Frauen wandten sich und gingen ihres Weges.

Also zu spät, nicht zu früh! Bitter enttäuscht stand Gebhard, konnte sich nicht gleich entschließen den Platz zu verlassen; zögernd, planlos ging er noch auf den Bahnhof zu und stand plötzlich betroffen still. Aus dem Bahnhofgebäude kam ein Sanitäter, führte zwei Männer und diese beiden hatten Binden um die Augen. Hoch klopfte Gebhards Herz. Er konnte noch nicht recht unterscheiden, aber jetzt näherte sich die Gruppe; der Sanitäter stützte den einen der beiden, der ein junger feldgrauer Soldat war und auch am Fuß verletzt schien; sorglich führte er ihn die breiten Staffeln herunter auf die Stelle zu, wo das Auto stand. Inzwischen blieb der andere, den Führer erwartend, an einer Säule der Vorhalle stehen, und da nun seine stattliche, kräftige Gestalt ganz zu sehen war, erkannte Gebhard seinen Vater. Alles Zögern war vorbei, in jubelnder Freude sprang er herzu, die Staffeln hinauf und rief mit frohlockender Stimme:

"Vater! Grüß dich Gott, lieber, guter Vater!" An dem ersten, trauten Ruf hatte Stegemann sein Kind erkannt und nun griff er nach ihm mit beiden Händen und zog ihn in warmer Liebe an sein Herz. "Grüß dich Gott, mein Männlein, mein guter Bub! Ich hätte nicht gedacht, daß du mich gleich erkennst und dich so freust an deinem blinden Vater!"

"O, ich habe es gar nicht mehr erwarten können, bis du kommst; das wissen wir ja schon lang, daß du blind bist, das macht *gar* nichts, Vater!"

"So, das macht gar nichts?" wiederholte Stegemann und lachte von Herzen. Der Sanitäter kam nun zurück, um seinen zweiten Pflegbefohlenen zu holen.

"Kannst du denn nicht gleich zu uns, Vater? Ich kann dich so gut führen!"

"Zunächst bin ich noch ins Lazarett überschrieben, aber bald darf ich heim, vielleicht schon morgen, der Arzt wird das bestimmen."

"Willst du mitfahren und sehen, wohin dein Vater kommt?" fragte der
Sanitäter und fügte hinzu: "Wer hat dir denn verraten, daß heute
Verwundete ankommen?"

"Ein Schulkamerad."

"Aha, ich kann mir schon denken, welcher das war. Macht

nichts, komm nur mit!"

Sorgsam führte der Sanitäter den Blinden die Staffeln hinunter. Gebhard ging auf der andern Seite.

"Künftig darf ich dich immer führen, gelt Vater?"

"Letzte Stufe," sagte der Führer und wandte sich an Gebhard: "Immer voraus sagen, sonst tut der Schritt weh; alles vorher ankündigen, das ist die Hauptregel, dann gewinnen die Blinden Vertrauen und gehen ruhig und zuversichtlich. Darauf mußt du achten!"

"Ja das will ich gewiß tun," versicherte Gebhard eifrig, "dann vertraust du mir, gelt Vater?" Achtsam sah er zu, wie der Sanitäter dem Blinden das Einsteigen ermöglichte, mehr durch kurze Zurufe als durch Hilfe.

Bald saßen sie nebeneinander, Hand in Hand und sprachen gar nicht viel, weil sie noch kaum das Glück fassen konnten, wieder beisammen zu sein. Gebhard begleitete den Vater noch in den Saal. Die Neuangekommenen sollten sich nach der langen Reise legen und ausruhen. Vater und Sohn mußten sich trennen. "Bitte die Großmutter, sie möchte zuerst allein zu mir kommen; für die Mutter ist's ein schwerer Gang!" sagte der Blinde, küßte den Knaben und gab ihm leise den Auftrag: "Den Kuß gib der Mutter!"

Gebhard ging heim wie im Traum. Mit all seinen Gedanken, mit dem ganzen Herzen war er noch bei dem geliebten Vater, konnte selbst kaum an die wunderbare Mär glauben, die er nun verkündigen wollte: daß der Vater angekommen sei!

Er traf aber zu Hause die nicht, die er suchte. Die beiden Frauen waren nach der künftigen kleinen Wohnung hinübergegangen; Helene war fertig mit der Einrichtung, hatte die Mutter geholt, um ihr alles zu zeigen und führte sie jetzt durch die Zimmer. "Wie gefällt es dir, Mutter? Ist dir's recht so?"

"Mir freilich, du hast ja alles mehr nach meinem als nach deinem Sinn eingerichtet. Es ist wohl ein Unterschied gegen deine frühere reiche, stilvolle Einrichtung!" Sie sah die Schwiegertochter an, wie wenn sie erforschen wollte, ob es ihr schwer ums Herz sei. Aber Helene lachte fröhlich: "Es ist doch alles wieder stilvoll, Mutter, es ist Kriegsstil. Wie wenn man Reste aus ein paar zerstörten Häusern zusammengetragen hätte: da ein paar schöne, alte Möbel von dir, dort schlichte, gebeizte vom Schreiner, da der hochfeine Schreibtisch, den mein Bruder geschickt hat, und davor ein gewöhnlicher Holzstuhl. Und an der ausgebesserten Tapete Bilder in schwarzen, braunen und vergoldeten Rahmen und gar ein kleiner Spiegel vom Trödelmarkt. Aber sieh, die sogenannte Mädchenkammer, hat die nicht ein nettes Stübchen für Gebhard gegeben? Seine Kriegsbilder hat er selbst an die Wand nageln dürfen und sein schmales Feldbett ist auch reinster Kriegsstil. Dazu paßt auch statt eines Mädchens die kleine Kriegswitwe, der du das Essen gibst; das alles stimmt herrlich zusammen. Nun fehlt nur *er* noch! Wie lange wohl?"

Draußen wurde geklopft. "Es muß jemand an der Vorplatztüre sein," sagte
Helene, "die Klingel geht nämlich nicht immer und der Aufzug ist auch
ein wenig launisch, das macht aber nichts, gehört eben auch zum
Kriegsstil."

Sie gingen miteinander hinaus und öffneten. Gebhard stand vor ihnen auf der Schwelle, wußte vor übergroßer Erregung nicht gleich, wie er erzählen sollte, war auch so gesprungen, daß es ihm den Atem benommen hatte. Aber die Mutter fing seinen strahlenden Blick auf, ahnte und rief: "Der Vater kommt?"

"Der Vater ist schon da!" Glückselig fiel er der Mutter um den Hals und jubelte: "Da bringe ich dir einen Kuß von ihm!"

Zwölftes Kapitel.

Am Bett ihres Sohnes saß Frau Dr. Stegemann; die andern Betten standen leer, die Verwundeten waren an dem schönen Nachmittag ins Freie gebracht worden. So waren die Beiden allein in dieser ersten Stunde des Wiedersehens und ungestört hatte der Sohn seiner tapfern Mutter seine Erlebnisse erzählen können. Sie wußte jetzt, was er durchgemacht von dem Augenblick an, da er sich bereit erklärt, die Russen zu führen, in der stillen Absicht sie wegzubringen von seinen Lieben im Forsthaus und sie in die Irre zu leiten, um die deutsche Patrouille zu retten. Der Offizier traute seinem Führer nicht und bedrohte ihn, wenn er ihm nicht zu Willen sei, solle er nie mehr seine schöne Frau wiedersehen, er würde ihm die Augen ausstechen lassen.

So wußte er, welch grausame Marter ihm bevorstand. Noch hoffte er auf irgend einen glücklichen Zufall, der ihm zu Hilfe käme, und betete im stillen. Aber das Mißtrauen der Feinde wuchs immer mehr, er erkannte, daß der bittere Kelch nicht an ihm vorübergehen sollte, und bereitete sich innerlich vor auf das, was kommen mußte.

Leute kamen des Weges, wurden ausgefragt und darnach wandte sich die Wut der Feinde gegen ihn. Sie verübten an ihm die grauenvolle Untat, ließen ihn in seinen Qualen liegen und ritten davon.

Als Stegemann so weit erzählt hatte, spürte er an der zitternden Hand der Mutter, daß sie überwältigt war, und er hielt inne.

"Ist dir's so schwer, Mutter? Es ist ja überstanden, auch die schrecklichen Qualen, die folgten. Aber ich will dir jetzt nicht weiter davon erzählen; ich danke dir, daß du mich so tapfer angehört hast. Dir habe ich es zugetraut, darum wollte ich dich zuerst allein sprechen. Aber nun will ich vergessen, was dahinten ist, und jetzt sage du mir, Mutter, was liegt vor mir? Darf ich dies Elend meiner jungen Frau aufladen? Kann sie es tragen, sie, die so weich und feinfühlend ist und mir immer erschien, als sei ihre Natur ganz auf Lust und Freude angelegt? Zwar glaube ich nicht, daß wir Not leiden müssen. Das ganze Vaterland hilft uns Invaliden, hilft vor allem, daß wir arbeiten lernen und etwas verdienen können. Damit habe ich schon angefangen und werde meine ganze Kraft einsetzen, um mitzusorgen für die Meinigen. Aber dennoch — wie schwer ist es für Helene! Nie hätte ich, so wie ich jetzt bin, ihr junges Leben mit dem meinigen verbunden!" Er setzte sich auf in seinem Bett und horchte gespannt zur Mutter hin. Die nahm seine Hand in die ihrige und sprach in voller Überzeugung: "Da sei du ganz unbesorgt, Rudolf, keine Braut kann verlangender dem jungen Bräutigam entgegensehen, als sie ihrem Helden!"

"Weil sie nicht weiß, was für ein Anblick ihr bevorsteht und was es heißt, einen hilfsbedürftigen Blinden um sich zu haben, anstatt eines ritterlichen Gatten, der ihr alle Schwierigkeiten des Lebens aus dem Weg räumt!"

"O, sie weiß das besser als du denkst, Rudolf; wir haben neun Monate

Krieg erlebt, die waren für deine Frau voll Angst und Reue, voll Sehnen
und Warten; sie hat sich durchgekämpft, ist stark geworden, um Leid und
Entbehrung mit dir zu tragen."

"Mutter, damit nimmst du mir die schwerste Sorge ab! Wenn es so ist, dann, liebe Mutter, o dann bitte ich dich, gehe gleich zu ihr; ich habe mich nach ihr gesehnt jede Stunde, seit wir getrennt sind; um keine weitere Stunde soll die Trennung verlängert werden."

"Ich gehe, Rudolf, sie wird bei dir sein schneller als du denkst. Ich bringe ihr deine Botschaft."

Er richtete sich auf, tastete nach dem Tischchen nebenan, zog die
Schublade auf.

"Was suchst du? Kann ich dir helfen?"

"Ja, es wird eine Schachtel da sein, in der ist mein Eisernes Kreuz. Wenn du mir das befestigen willst. Daß sie doch *etwas* Schönes sieht an ihrem Mann! — So, nun ist's gut. Und die Augen sind bedeckt, nicht wahr, man sieht die Zerstörung nicht?"

"Nein." — Sie wollte hinzufügen: "Deine Frau hat sich längst geübt, auch das zu sehen," aber sie unterdrückte es. Wer konnte wissen, wie es sie im Antlitz des eigenen geliebten Mannes erschüttern würde?

Unten im Garten wurde Frau Stegemann von Helene sehnlich erwartet.

"Mutter, wie geht es ihm? Sage mir, warum wollte er dich allein sprechen?"

"Er hat Mitleid mit dir, daß du ihn so wiedersehen mußt, hat Angst, es möchte dir zu schrecklich sein. Es ist auch schwer, Helene, mich hat es furchtbar erschüttert; ich mußte mich *so* zusammennehmen, um die Fassung zu bewahren."

Jetzt, da der Sohn nicht mehr darunter leiden konnte, jetzt verlor sie diese Fassung und konnte die bittern Tränen nicht zurückhalten. Das hatte Helene noch nie erlebt; immer war die Mutter ihr an Seelenstärke überlegen gewesen. Sie hatte tiefes Mitleid mit der Mutter, die ihr in ihrem Kummer zum erstenmal als eine alte Frau erschien. "Es hat dich angegriffen," sagte sie herzlich zu ihr, "soll ich dich heimbegleiten?" Aber Frau Stegemann wehrte ab. "Nein, nein, ich finde mich schon wieder zurecht. Geh nur, Kind; halte dich nicht mit mir auf, geh zu ihm, er wartet!"

Der Mutter Schwäche wurde eine merkwürdige Hilfe für die junge Frau. Wenn die Mutter, die starke, versagte, dann mußte sie die tapfere sein. Alles Bangen wich von ihr, leichtfüßig eilte sie die Treppe hinauf, sie wollte nichts aufkommen lassen als reinste Wiedersehensfreude in dieser lang ersehnten Stunde.

Sie öffnete die Türe, sah, wie bei dem Geräusch ein Kopf sich aus dem
Kissen hob, eine Gestalt sich halb aufrichtete und nach der Türe wandte.

"Rudolf, ich bin's!" rief sie, war im Augenblick bei ihm, umarmte ihn stürmisch und rief ihm fröhlich zu: "Glaubst du, daß ich's bin, wenn du mich gleich nicht siehst?"

Er spürte ihre Fröhlichkeit und zog sie an sein Herz.

"Ja, du bist's Helene, du Sonne in meiner Nacht! Gott sei Dank, daß ich dich habe!" Er küßte sie. Da schob sie sanft die Binde über seine Stirne hinweg, drückte einen Kuß auf jede der verheilten Wunden und sagte zu ihm: "Das sind deine Ehrenzeichen, du mein Held. Wie bin ich stolz auf diese Narben!"

Er legte sich zurück, fühlte sich aller Angst und Sorge ledig und gab sich der Wonne des wiedergefundenen Glückes hin.

www.ingramcontent.com/pod-product-compliance
Lightning Source LLC
Chambersburg PA
CBHW020149170426
43199CB00010B/951